10 Lições sobre
BOURDIEU

Dados Internacionais de Catalogação na Publicação (CIP)
(Câmara Brasileira do Livro, SP, Brasil)

Monteiro, José Marciano
　　10 lições sobre Bourdieu / José Marciano
Monteiro. Petrópolis, RJ : Vozes, 2018. –
(Coleção 10 Lições)
　　Bibliografia.

　　4ª reimpressão, 2024.

　　ISBN 978-85-326-5948-4
　　1. Bourdieu, Pierre, 1930-2002 2. Sociologia
3. Sociologia educacional I. Título. II. Série.

18-19613   CDD-301

　　Índices para catálogo sistemático:
　　　　1. Bourdieu, Pierre : Sociologia   301

　　Cibele Maria Dias – Bibliotecária – CRB-8/9427

José Marciano Monteiro

10 Lições sobre
BOURDIEU

Petrópolis

© 2018, Editora Vozes Ltda.
Rua Frei Luís, 100
25689-900 Petrópolis, RJ
www.vozes.com.br
Brasil

Todos os direitos reservados. Nenhuma parte desta obra poderá ser reproduzida ou transmitida por qualquer forma e/ou quaisquer meios (eletrônico ou mecânico, incluindo fotocópia e gravação) ou arquivada em qualquer sistema ou banco de dados sem permissão escrita da editora.

CONSELHO EDITORIAL

Diretor
Volney J. Berkenbrock

Editores
Aline dos Santos Carneiro
Edrian Josué Pasini
Marilac Loraine Oleniki
Welder Lancieri Marchini

Conselheiros
Elói Dionísio Piva
Francisco Morás
Gilberto Gonçalves Garcia
Ludovico Garmus
Teobaldo Heidemann

Secretário executivo
Leonardo A.R.T. dos Santos

PRODUÇÃO EDITORIAL
Aline L.R. de Barros
Marcelo Telles
Mirela de Oliveira
Otaviano M. Cunha
Rafael de Oliveira
Samuel Rezende
Vanessa Luz
Verônica M. Guedes

Conselho de projetos editoriais
Isabelle Theodora R.S. Martins
Luísa Ramos M. Lorenzi
Natália França
Priscilla A.F. Alves

Editoração: Elaine Mayworm
Diagramação: Sheilandre Desenv. Gráfico
Revisão gráfica: Nilton Braz da Rocha / Nivaldo S. Menezes
Capa: Omar Santos
Arte-finalização: Editora Vozes
Ilustração de capa: Studio Graph-it

ISBN 978-85-326-5948-4

Este livro foi composto e impresso pela Editora Vozes Ltda.

Dedico este livro

à Hannah Sophie, minha eternidade;

à Kaline Tomaz, meu encontro;

aos meus pais Luciano e Maria, exemplos de vida;

aos meus irmãos Márcia, Marlon e Morgana, fontes de união;

a Kleiton e Anastácia, fontes de paciência;

aos mestres educadores Elizabeth Christina de A. Lima, Severino José de Lima e Luciano Albino;

aos amigos Ricardo Costa de Oliveira, Cauby Dantas e Nadege Dantas;

a todos que fazem a Uacis, o Nefade, o Nep e o Lecmipo;

aos meus alunos que lutam por um país mais justo.

Compreender é primeiro compreender o campo com o qual e contra o qual cada um se fez (BOURDIEU. *Esboço de autoanálise*, 2005, p. 40).

Sumário

Introdução, 9

Primeira lição – Notas biográficas, 13

Segunda lição – Praxiologia: para uma sociologia da prática, 21

Terceira lição – Construção do objeto sociológico, 30

Quarta lição – Espaço social e teoria dos campos, 42

Quinta lição – *Habitus* e classes sociais, 54

Sexta lição – Teoria dos capitais, 70

Sétima lição – Corpo e cultura, 82

Oitava lição – Estado, poder e violência simbólica, 93

Nona lição – Jogo, estratégia e senso prático, 101

Décima lição – Sociologia como esporte de combate, 111

Conclusão, 123

Referências, 129

Introdução

A obra produzida por Pierre Bourdieu é uma relevante contribuição teórico-metodológica e epistemológica para os cientistas sociais, historiadores, economistas, pedagogos e educadores contemporâneos, dentre outros. Bourdieu pode ser considerado, sem sombra de dúvidas e sem exagero, um dos mais criativos intelectuais do século XX. Com esforço e percepção aguçada construiu, a exemplo de Karl Marx, Max Weber e Émile Durkheim, uma sofisticada teoria sobre o mundo social. A proposta das *10 lições sobre Bourdieu* tem por objetivo divulgar a produção científica de um autor complexo por meio de uma linguagem que atenda ao público a que se destina: iniciantes e estudantes de graduação, de forma geral. A preocupação central é tornar acessível aos leitores, numa linguagem simples e sem perder o rigor, os principais conceitos e as teorias construídas por Bourdieu. Assim, tem-se como fio condutor os trabalhos produzidos na Argélia e as consequentes produções inspiradas nesse experimento.

Expor as principais concepções e abordagens sociológicas desse expoente das Ciências Sociais em um livro, com este formato, coloca-nos diante da responsabilidade e do desafio. A responsabilidade em apresentar conceitos complexos de forma simples sem descuidar do rigor analítico. E o desafio de tornar o texto um encontro palatável, que possibilite aguçar o desejo, a curiosidade e o interesse pela obra de Pierre Bourdieu.

As *10 lições sobre Bourdieu* possuem, portanto, um caráter pedagógico. O iniciante nesta leitura tem, em mãos, um convite à degustação pedagógica da trajetória e da construção científicas daquele que fez da vida um objeto sociológico de análise, nas palavras do autor de *Esboço de autoanálise*. O encontro com momentos marcantes da vida de Bourdieu se dará na primeira lição, intitulada "Notas biográficas". Nela, o leitor se deparará com elementos da vida daquele que, na condição de herdeiro de camponês e funcionário público, converteu-se em professor/pesquisador de uma das mais respeitadas escolas de formação da elite intelectual europeia. Em seguida, e já com sua inserção no campo científico, o leitor verá como se deu a ruptura de Bourdieu em relação à fenomenologia e ao estruturalismo, construindo e propondo uma teoria da prática ou *praxiologia* que se constitui na segunda lição deste livro.

A terceira lição remete à "Construção do objeto sociológico". Trata-se de uma preleção metodológica na qual procuro apresentar um cientista social que relaciona diversas técnicas e métodos, buscando superar dualismos como qualitativo-quantitativo. As três lições seguintes abordam os conceitos principais do projeto sociológico construído por Pierre Bourdieu. Nelas apresento, dentre outros, os conceitos de campo, espaço social, *habitus*, capital e classes sociais.

Na sétima, oitava e nona lições exponho conceitos e metáforas que nem sempre estão acessíveis a um público não especializado no autor. Refiro-me aqui ao leitor brasileiro, principalmente àqueles a quem este texto se destina, ou seja, ao público iniciante. Abordo na sétima lição a centralidade que o *corpo* e a *cultura* assumem no projeto sociológico de Bourdieu, destacando a importância que ele atribui ao corpo como linguagem e conhecimento.

Na oitava lição apresento a sociologia política por ele construída. Detenho-me a expor sua compreensão sobre o *Estado* e a relação desta instituição moderna com o *poder simbólico* e com a *violência simbólica*, dando ênfase, por sua vez, aos conceitos de metacampo e de metacapital. Na nona lição atribuo realce à metáfora do *jogo* para compreensão das práticas no mundo social no qual os agentes agem seguindo o sentido do jogo através das estratégias. *Jogo*, *estratégia* e *senso prático*, portanto, são elaborações que permitem, quando associadas ao conceito de *habitus*, superar a perspectiva fenomenológica e estruturalista no que tange à compreensão sobre a prática, instaurando uma nova teoria do conhecimento – a praxiologia.

A última lição é dedicada a pensar o projeto sociológico de Bourdieu como um *esporte de combate*. Nela, apresento como ciência e política, saber e poder tornam-se centrais para se pensar na contemporaneidade o intelectual público. Intelectual comprometido com a verdade de uma ciência capaz de denunciar as injustiças, as desigualdades e as opressões e engajado com a ação transformadora, fazendo do saber científico um esporte de combate.

As dez lições sobre o sociólogo francês objetivam ser uma contribuição voltada principalmente para o leitor apressado, porém exigente quanto ao rigor do texto. Espero poder contribuir sanando essa lacuna e convidando-o a dar os seus primeiros passos acerca do entendimento sobre a proposta sociológica de um dos mais lidos pensadores do século XX. Caberá então tirar suas conclusões! Espero que, após percorrer as dez lições, sinta o forçoso desejo de se debruçar sobre as obras de Pierre Bourdieu.

Primeira lição
Notas biográficas

Pierre Félix Bourdieu nasceu em 1º de agosto de 1930, em Denguin, no vilarejo de Lasseube, região rural do Béarn, situada nos Pireneus, próximo à Espanha. Neste pequeno lugarejo camponês do sudoeste da França viveu sua infância (BOURDIEU, 2006). Era filho único. Seu pai, Albert Bourdieu, originário de uma família de camponeses, foi operário agrícola e, posteriormente, funcionário público – carteiro, tendo exercido este ofício ao longo da vida. Sua mãe, Noémie Bourdieu, também proveniente do meio rural, era oriunda de uma linhagem de proprietários do Béarn, filha caçula de uma importante família de agricultores da região. Bourdieu, em 1962, casou-se com a socióloga e filha de médico, Marie-Claire Brizard, com quem teve três filhos: Jérôme, Emmanuel e Laurent.

Em 1941, em Pau, capital do Béarn, frequentou o Lycée Louis-Barthou, onde cursou a primeira parte equivalente ao nosso ensino básico. Ao se destacar nos estudos, e graças ao diretor desse estabelecimento,

Bernard Lamicq, recebeu uma bolsa de estudos para cursar, em 1948, o ensino básico no Lycée Louis-le--Grand, na capital francesa, reputado por constituir o melhor curso preparatório para o ingresso na École Normale Supérieure de Paris e por reunir os melhores alunos do país. Tal percurso irá transformá-lo em um dos raros, senão o único estudante natural do Béarn a se formar na École Normale.

Assim, em 1951 tornou-se discente desse importante centro de recrutamento e formação da elite intelectual francesa, localizado na Rue d'Ulm. Nessa célebre escola diplomou-se em Filosofia aos 25 anos, tendo como mentores intelectuais Gaston Bachelard (1884-1962) e Georges Canguilhem (1904-1995), ambos filósofos da história da ciência. Na mesma época, realizou estudos na Faculdade de Letras de Paris (Sorbonne), onde defendeu a tese intitulada *Estruturas temporais da vida afetiva*, obra que assentava as bases para seu futuro como *homo academicus*. Em seguida, tornou-se professor de Filosofia no Liceu de Moulins.

De 1955 a 1960 a trajetória de Bourdieu foi marcada pelo serviço militar na Argélia, então colônia francesa no norte da África. Esse período permitiu a conversão do filósofo em sociólogo (SHULTHEISS, 2017). A Argélia foi um verdadeiro *laboratório sociológico* para o francês, onde experimentou e constatou a formação do operariado, a precarização econômica e o desarraigamento social. Essa experiência lhe propiciou compreender que teoria é teoria da prática. Nesse laboratório, aprendeu e apreendeu, pelo espírito e pelo corpo, os processos de transformação de uma sociedade dominada pelo regime colonialista francês. A inserção na Argélia regida pelas forças estruturais do capitalismo contemporâneo e do Estado francês permitiu-lhe analisar as consequências da incorporação de valores e de um *ethos* capitalista numa sociedade *campo*nesa. É nesse contexto que experimentou a conversão biográfica. O recém-filósofo, formado em uma das melhores escolas de elite da Europa, por meio dessa experiência vivenciou uma metamorfose, transformando-se, sob o fardo da existência, em sociólogo e etnólogo, em um contexto marcado pela dominação capitalista colonial.

Por volta dos anos de 1958 a 1960, lecionou na Faculdade de Letras da Argélia como professor-assistente. Essa imersão possibilitou-lhe a construção de diversas pesquisas etnográficas e de um vasto acúmulo de dados empíricos. As pesquisas realizadas sobre a sociedade de Cabília propiciaram a publicação da sua primeira obra: *Sociologie de l'Algérie*. E, em parceria com outros pesquisadores, escreveu também: *Travail et travailleurs en Algérie*, de 1963, com Alain Darbel, Jean-Paul Rivet e Claude Seibel; e *Le déracinement – La crise de l'agriculture traditionnelle en Algérie*, de 1964, em colaboração com o argelino Abdelmalek Sayad.

Em 1960, retornou à França e se tornou assistente do filósofo e sociólogo Raymond Aron na Sorbonne, e secretário-geral do Centre de Sociologie Européenne (CSE) (BOURDIEU, 2005). Nos anos compreendidos entre 1961 e 1964 deslocou-se para a cidade de Lille, situada no norte da França, onde obteve o posto de professor no ensino superior. Nessa faculdade retomou suas leituras e ministrou cursos sobre os clássicos fundadores da sociologia (Durkheim, Weber e Marx), além de cursos sobre antropologia britânica e sociologia norte-americana.

Em 1964, portanto, aos 34 anos, foi indicado por Raymond para sucedê-lo na direção do Centre de Sociologie Européenne. Naquele mesmo ano lançou, pela Éditions de Minuit, a coleção *Le Sens Commun*. Lecionou na Escola Normal Superior até 1984, e publicou, em coautoria com Jean-Claude Passeron, *Les héritiers: Les étudiants et la culture* e *Les étudiants et leurs études*, obras que inaugurariam as pesquisas sobre o sistema de ensino, coroadas com *La reproduction – Élements pour une théorie du système d'enseignement*, na década de 1970.

A década de 1960 ainda demarca, na trajetória de Bourdieu, a ascensão do jovem pesquisador e editor, através da coleção *Le Sens Commun*. Com tal coleção, o pesquisador iniciou uma atividade editorial coordenando a publicação de um ambicioso conjunto de livros que vão das obras clássicas de Durkheim, Marcel Mauss, Joseph Shumpeter, Basil Bernstein, Erving Goffman, Edward Sapir, dentre tantos outros, à publicação de jovens sociólogos e historiadores franceses como Luc Boltanski, Patrick Champagne, Christophe Charle, Jean-Louis Fabiani, Jennine Verdès-Leroux e tantos mais. Por meio da coleção *Le Sens Commun* publicou parte significativa de seus trabalhos e as pesquisas realizadas por sua equipe. Ainda na condição de editor e de coordenador de trabalhos coletivos criou a *Actes de la Recherche en Sciences Sociales* e a *Liber* – Revista Internacional de Livros.

Naquele mesmo período, em 1965, em parcerias com diversos colaboradores do Centro de Sociologia, publicou as pesquisas sobre uso social da fotografia e museus, dentre outras, das quais resultaram, em 1965, *Un art moyen – Essai sur les usages sociaux de la photographie* e, em 1966, *L'Amour de l'art – Les musées d'art européens et leur public*. Tomando a arte como objeto sociológico, Bourdieu ainda deu publicidade, em 1992, a um rigoroso trabalho sobre o campo literário: *Les règles de l'art – Genèse et structure du champ littéraire*.

O final da década de 1960 foi pontuado por profundas mobilizações na França. Em maio de 1968, a sociedade francesa vivenciou uma grande onda de protestos que teve início com manifestações estudantis reivindicando reformas no setor educacional. O movimento cresceu e evoluiu para uma greve de trabalhadores. Os universitários se uniram aos operários e promoveram a maior greve geral da Europa. É nesse contexto que a obra *Les héritiers – Les étudiants et la culture* foi recepcionada na França e bastante citada publicamente. Foi em 1967 que Bourdieu fundou o Centro de Sociologia da Educação e da Cultura (Csec) na École des Hautes Études en Sciences Sociales (Ehess), com a finalidade de compreender as relações que se estabelecem entre o universo da cultura e o campo do poder e das classes sociais.

A década de 1970 foi marcada pelo reconhecimento de Bourdieu como um dos grandes sociólogos na França, com convites para ministrar cursos em instituições acadêmicas no exterior e oferta de cursos em universidades como as de Chicago, Harvard e Princeton (EUA), Instituto Max Planck (Alemanha), Universidade de Todai (Tokyo Daigaku – Japão), dentre outras. É nessa década, com o apoio de Fernand Braudel, então diretor da *Maison des Sciences de l'Homme*, que criou, em 1975, a *Actes de la Recherche en Sciences Sociales*, revista reconhecida no mundo por dar visibilidade às produções das Ciências Sociais.

Em 1979 Bourdieu publicou, pela Éditions de Minuit, a sua escrita monumental: *La distinction – Critique sociale du jugement*. Nesse livro, seus principais conceitos (campo, capital, *habitus*, classes sociais, dentre outros) são mobilizados para entender os processos de diferenciação social na sociedade francesa (BOURDIEU, 2007). O pensador analisa a variedade das práticas culturais entre os grupos, e constata que o gosto cultural e os estilos de vida da burguesia, das camadas médias e do operariado estão profundamente marcados pelas trajetórias sociais vividas por cada um dentro de uma lógica de diferenciação de classe.

Em 1981, foi eleito professor titular da Cátedra de Sociologia do Collège de France e, em 1982, proferiu a provocadora aula inaugural *Leçon sur la leçon*. Suas obras tornam-se referências para os estudos da sociedade contemporânea em diversos países, extrapolando as fronteiras europeias, e Bourdieu torna-se um sociólogo público. Por conta disso participou, ao lado de diversos outros intelectuais, a exemplo de Foucault, de protestos contra a repressão.

Em 1984 publicou, pela Éditions de Minuit, a obra *Homo academicus* e, em 1989, *La noblesse d'état*, seu último grande livro sobre o sistema escolar, e fundou a *Liber* – Revista Internacional de Livros. Ainda em 1989 é reconhecido com o título de *Doutor Honoris Causa* pela Universidade Livre de Berlim.

Na década de 1990 Bourdieu engajou-se nas lutas e se tornou um sociólogo reconhecido mundialmente. Apoiou os movimentos sociais que atuam em prol dos trabalhadores, intelectuais e imigrantes perseguidos. Em 1992, lançou *Contre-feux*, tomos 1 e 2, que, associado ao livro *Sur la télévision*, demonstram sua atitude de intelectual engajado, denunciando a ditadura do "mercado livre". Em 1993, organizou e publicou *La Misére du monde*, obra que denuncia as condições de produção das formas contemporâneas da miséria social. Fundou, em 1996, a editora Liber-Raisons d'Agir, cuja política editorial se destinava à produção independente do trabalho científico com a militância e o compromisso cívico. Em 1996 e em 1999, respectivamente, foi agraciado com título de *Doutor Honoris Causa* pela Universidade Johann Wolfgang Goethe, de Frankfurt, e pelas universidades de Atenas (Grécia) e de Joensuu (Finlândia). Em março de 2001, Bourdieu ministrou sua última aula no Collège de France, falecendo em 23 de janeiro de 2002, aos 71 anos de idade, vítima de um câncer.

Segunda lição

Praxiologia: para uma sociologia da prática

A Argélia demarca, como apresentado na primeira lição, um vasto campo de pesquisa e a conversão de Bourdieu de "filósofo para sociólogo" (BOURDIEU, 2005, p. 86). Esse território africano sob domínio francês, à época, desempenhou papel central na construção da teoria da prática, ou, nos termos do próprio sociólogo, da praxiologia. Foi na Argélia que Bourdieu escreveu seus primeiros textos a partir da experiência etnográfica. É na região da Cabília que recolheu e observou práticas que serviram de combustível para a construção da praxiologia, a qual, segundo o pensador, é um modo de conhecimento capaz de explicitar os mecanismos que tornam opaco o mundo social.

De acordo com Bourdieu, há três modos de conhecimento do mundo social: fenomenológico, estruturalista e praxiológico. O primeiro modo restringe-se a captar a experiência primeira do mundo social, relacionada às práticas cotidianas. O segundo modo realiza uma ruptura com a experiência imediata do mundo e busca compreender estruturas objetivas. Já o terceiro modo de conhecimento por ele proposto consistirá numa abordagem de síntese. O conhecimento praxiológico tem como objeto não apenas o sistema das relações objetivas, mas especialmente as disposições internalizadas nos agentes (BOURDIEU, 2002).

A experiência na Argélia, as reflexões e as relações entre teoria e prática possibilitaram a Bourdieu construir *Esquisse d'une théorie de la pratique*. Ao conceber as estratégias de reprodução social como sistema formado por um conjunto de diferentes estratégias – de fecundidades, alianças matrimoniais, educativas, sucessórias, econômicas, dentre outras –, Bourdieu explicitou elementos para sua proposta sociológica capazes de desvendar as lógicas de reprodução do mundo social. Tal lógica de reprodução, a partir das estratégias desenvolvidas pelos grupos, é fundamental para a construção do conceito de campo, que, em seu sentido estático, configura-se em espaço de forças, e, em seu sentido dinâmico, espaço de lutas, conforme apresentaremos na quarta lição, "Espaço social e teoria dos campos". A proposta da praxiologia, elaborada por Bourdieu, é conceber a ação social como resultado da relação entre estrutura objetiva e estrutura subjetiva, mediadas pelo *habitus*. A lógica dos sistemas simbólicos, portanto, antes de ser lógica interna, é concebida pelo sociólogo como lógica prática.

O modo de conhecimento praxiológico apresentar-se-á, portanto, como uma tentativa de superação das outras duas abordagens sobre o mundo social: fenomenologia e estruturalismo. Ao propor a praxiologia como modo de conhecimento sobre a prática, Bourdieu esforça-se no sentido de construir uma teoria que possa – utilizando-se da fenomenologia e do estruturalismo – ultrapassar o subjetivismo das abordagens fenomenológicas (representadas na sociologia contemporânea pelo interacionismo simbólico e a etnometodologia, e, no pensamento econômico, pela teoria da escolha racional) e o objetivismo das abordagens de natureza estruturalista (representadas na sociologia pelo funcionalismo e pelo marxismo) – ser capaz de dar conta da prática.

Para Bourdieu, o conhecimento subjetivista (fenomenologia) restringe-se a captar a experiência e a percepção imediata do mundo social. Esse modo de conhecimento não se pergunta sobre as condições sociais de produção do conhecimento (BOURDIEU, 2002, p. 145). Centra-se nas ações e interações sociais sem que balize as relações sociais de poder. Também não se pergunta pelas condições objetivas que poderiam explicitar o curso das ações e interações dos indivíduos. Esse tipo de abordagem constrói a ilusão do indivíduo autônomo, do indivíduo que, segundo Bourdieu, tem a ilusão de agir de acordo com suas escolhas, não enfatizando, assim, as condições sociais e objetivas que possibilitam agir e interagir no mundo social.

No outro extremo encontra-se a abordagem objetivista. Para os adeptos do estruturalismo faz-se necessário investigar o peso das estruturas sociais, as quais organizam as experiências subjetivas. Os indivíduos deixam de ser autônomos e conscientes de suas ações conforme concebem a abordagem fenomenológica (existencialismo), e passam a agir de acordo com as regras (exteriores) preexistentes no mundo social.

A proposta sociológica elaborada por Bourdieu (2002) é uma alternativa e, ao mesmo tempo, tentativa de superação dessas duas abordagens, desses dois modos de conhecimento do mundo social. É uma alternativa no sentido de propor uma concepção da prática em que o indivíduo é concebido a partir das forças e relações sociais objetivas. E é uma alternativa porque, utilizando-se dos elementos contidos nas duas abordagens, apresenta um terceiro modo de conhecimento, com vistas a superar as dicotomias derivadas das duas construções teóricas. Não se trata de teorizar, a partir de uma concepção abstrata de indivíduo, conforme realizam os modos de conhecimento fenomenológico e estruturalista.

A ruptura com tais modos de conhecimento se deu pelas escolhas de Bourdieu, tanto práticas como teóricas. Ele faz da sociologia uma ciência capaz de questionar a produção do seu próprio conhecimento. Os conceitos por ele produzidos se realizam numa constante ginástica laborativa, indo da teoria à empiria, confrontando o conhecimento teórico com as experiências produzidas no mundo prático. Ao utilizar-se do conceito de agente, ao invés de indivíduo ou sujeito, por exemplo, Bourdieu buscou propor um novo modo de conhecimento sobre o mundo social (BOURDIEU, 2004). Mas não apenas por isso. Realizou processos de diferenciação em relação à fenomenologia e ao estruturalismo quanto à abordagem. Ao escolher o termo *agente*, Bourdieu se distancia da concepção abstrata de indivíduo, presente nas abordagens subjetivistas.

Na abordagem praxiológica não é possível conceber a ação do agente destituindo-lhe de suas redes de relações sociais e das condições objetivas de existência. O agente não age de forma completamente autônoma (fenomenologia) e, tampouco, de forma automática (estruturalismo) como executor da estrutura. O agente age por meio da mediação entre a posição em que se encontra situado no espaço social e as disposições internalizadas em seu corpo. O agente age por meio das estratégias que são desenvolvidas a partir das disposições incorporadas em seu corpo no decorrer do processo histórico. A ação é construída pela relação entre os mundos social (estruturas objetivas) e o individual, e é incorporada pelos agentes (estruturas subjetivas) a partir do seu contexto e da sua posição no espaço social, constituindo um conjunto estável de disposições estruturadas que se encontram internalizadas nos agentes e que, portanto, são matrizes de ação e percepção que orientam as escolhas e o agir dos agentes no mundo social.

O marxismo na França dos anos de 1960 e 1970 alinhava-se à força exercida pelo estruturalismo. No contexto francês no qual Bourdieu estava posicionado, o estruturalismo e a fenomenologia se apresentavam como teorias hegemônicas. Essas eram as duas formas de conhecimento que se apresentavam como modelos de explicação da prática. Se, por um lado, a fenomenologia se apresentava, em sua vertente existencialista (Jean-Paul Sartre), atribuindo ênfase ao indivíduo – este "condenado à liberdade" –, o estruturalismo, por outro lado, em sua vertente marxista (Louis Althusser) e em sua vertente antropológica (Claude Lévi-Strauss), atribuía ênfase às estruturas materiais e simbólicas.

Bourdieu recupera elementos das duas abordagens, apresenta os seus limites e propõe a teoria da prática (a praxiologia como modo de conhecimento alternativo) a partir de uma economia das práticas, em que o simbólico e o econômico interagem para estruturar o espaço social. Em vez de "regras" e de "modelos", conforme sugere a proposta estruturalista, Bourdieu analisa o mundo social por meio das "estratégias" e dos "esquemas", cujo operador é o *habitus*, estruturas internalizadas sob a forma de disposições que orientam a ação (BOURDIEU, 2002, p. 168). A praxiologia, diferenciando-se da fenomenologia e do estruturalismo, buscará compreender a gênese das estruturas objetivas e das estruturas internalizadas (em forma de esquemas cognitivos) pelos agentes, bem como as funções sociais, econômicas e políticas que os sistemas simbólicos desempenham na reprodução da ordem social.

Sendo a praxiologia uma proposta de síntese e de superação do dualismo (subjetivismo/objetivismo, ação/estrutura, indivíduo/sociedade, fenomenologia/estruturalismo), bem como proposta que visa ultrapassar o falso dualismo metodológico (quantitativo/qualitativo), Bourdieu encara a produção do conhecimento científico como uma ginástica intelectual na qual a teoria é construída com base em pesquisas empíricas aprofundadas, de maneira indutiva e em constante imersão em relação ao campo. A descrição etnográfica, a observação participante, enquetes, entrevistas, questionários, o recurso às técnicas estatísticas (análise de correspondências múltiplas, análise fatorial) são mobilizadas, juntamente com inúmeras referências filosóficas e sociológicas, para apoiar a reflexão teórica.

Para a elaboração da teoria da prática e do conceito de *habitus*, que se tornará mediador das relações estabelecidas entre indivíduo e sociedade, ação e estrutura, Bourdieu mobilizou, num primeiro momento, as pesquisas empíricas na Argélia, mas, posteriormente, estendeu a proposta para uma compreensão sobre a moderna sociedade francesa (BOURDIEU, 2007). O conceito de *habitus* (melhor esboçado na quinta lição), portanto, originário da filosofia de Aristóteles e da escolástica medieval, foi confrontado com a empiria e reelaborado por Bourdieu como noção mediadora entre a ação e a estrutura, o indivíduo e a sociedade. Assim, com a mediação entre o indivíduo e a sociedade, por meio do *habitus*, a "prática é, ao mesmo tempo, necessária e relativamente autônoma em relação à situação considerada em sua imediatidade pontual, porque ela é o produto da relação dialética entre uma situação e um *habitus*" (ORTIZ & FERNANDES, 1983, p. 65).

O modo de conhecimento praxiológico, ao invés de reduzir a ação à execução da estrutura, busca entender as estratégias adotadas pelos indivíduos no mundo prático a partir do contexto e das trajetórias trilhadas pelos agentes. Foi este o experimento teórico e epistemológico que Bourdieu realizou na

Argélia e na França para a construção do conhecimento praxiológico. A teoria da prática proposta por Bourdieu busca, assim, entender como as estruturas sociais são internalizadas nos agentes e como os agentes operacionalizam no mundo social a partir dos valores e das concepções de mundo incorporados.

A praxiologia difere-se dos dois modos de conhecimentos – fenomenológico e estruturalista –, portanto, posto que capta o processo dialético de "interiorização da exterioridade e a exteriorização da interioridade" (BOURDIEU, 2002, p. 163). A praxiologia, assim, permite investigar as relações entre os planos subjetivo e objetivo, entre as escolhas, apreciações e a localização sincrônica e diacrônica dos agentes no espaço social.

Na lição seguinte será abordado como Bourdieu, a partir da praxiologia, propõe a "construção do objeto sociológico".

Terceira lição
Construção do objeto sociológico

O projeto sociológico construído por Bourdieu em colaboração com outros pesquisadores, para além de desenvolver uma nova perspectiva de conhecimento sobre o mundo social (praxiologia), também se preocupa com a produção social do conhecimento científico, utilizando de técnicas das mais diversas e da metodologia qualitativa e quantitativa. A principal reflexão sobre as condições científicas da sociologia e o ofício de sociólogo se expressa na obra *Le métier de sociologue: Préalables épistémologiques*. Nesse livro Pierre Bourdieu, em parceria com Jean-Claude Passeron e Jean-Claude Chamboredon, busca realizar aquilo que Durkheim fez em *As regras do método sociológico* (1895), ou seja, pergunta-se pelas possibilidades de produção do conhecimento científico sociológico. Trata-se, portanto, de uma abordagem sobre a natureza do conhecimento científico.

Convém observar que, no projeto sociológico construído por Bourdieu, Chamboredon e Passeron

(2005), a epistemologia, a metodologia e a teoria constituem três dimensões indispensáveis e indissociáveis da prática de investigação sociológica. A epistemologia proposta por esses autores concebe a sociologia como as demais ciências. Para tanto, precisa enfrentar alguns obstáculos que lhe são peculiares: a) a maldição de um objeto que fala; b) o sociocentrismo; c) a tentação do profetismo, dentre outros. Estes são alguns obstáculos que cabe ao sociólogo enfrentar, pois sua profissão enfatiza os fundamentos epistemológicos das Ciências Sociais. Os autores selecionam e utilizam-se de um conjunto de fragmentos que servem de apoio à construção da sua proposta por meio de um diálogo entre Durkheim, Weber, Marx, Mauss, Pareto, Paul F. Lazarsfeld, C.W. Mills, Bachelard, Canguilhem, Koyré, Wittgenstein, dentre outros.

Le métier de sociologue constituiria o primeiro volume de uma série de três. Porém, o projeto não veio a se concretizar. *Le métier de sociologue* pode ser compreendida como uma obra que foi elaborada com a preocupação constante de relacionar filosofia e história das ciências na construção de princípios que orientam a produção do conhecimento nas Ciências Sociais. Para isso, os autores estabelecem críticas fundantes aos pressupostos do empirismo e do formalismo lógico. Em poucas palavras, é uma abordagem que visa construir elementos essenciais para uma teoria do conhecimento sociológico, a qual seria pensada como sistema de regras que regem a produção de todos os atos e de todos os discursos sociológicos possíveis.

As preliminares epistemológicas da profissão de sociólogo, portanto, tratam das condições de produção – tanto epistemológicas como sociais – do conhecimento sociológico. A tentativa de superar pressupostos que inviabilizam a produção do conhecimento científico sociológico conduz Bourdieu, Passeron e Chamboredon – baseados na produção sociológica clássica (Marx, Weber e Durkheim) e na produção filosófica (Bachelard, Canguilhem e Cassirer) – a elaborarem princípios que possam orientar a produção do conhecimento científico. Dentre os princípios que os pensadores elencam podem ser destacados: 1) *princípio da ruptura*; 2) *princípio da não consciência*; e 3) *princípio da primazia das relações*. Com tais princípios a construção do fato social deve ser conquistado, construído e constatado, observando-se as hierarquias dos atos epistemológicos (BOURDIEU; CHAMBOREDON & PASSERON, 2005).

O *princípio da ruptura*. Durkheim já havia nos ensinado, em seu livro *Les règles de la méthode sociologique*, que o objeto da sociologia – os fatos sociais – deve ser encarado como coisa, ou seja, "tudo que se oferece, ou melhor, se impõe à observação"

(DURKHEIM, 1999, p. 28). Ao tratar os fatos sociais como coisa, Durkheim distancia-se de uma concepção subjetivista da sociologia e, por conseguinte, instaura uma compreensão de que as prenoções devem ser sistematicamente afastadas da abordagem realizada pelos sociólogos. A ciência, nesse sentido, não pode ser alicerçada em juízos de valor, mas, e tão somente, segundo o pai institucional da sociologia, em fatos. As prenoções são obstáculos à ciência. Elas impedem o pesquisador de ver a verdadeira natureza das coisas. Na proposta de Bourdieu, Chamboredon e Passeron (2005), em *Le métier de sociologue: Préalables épistémologiques*, o princípio de ruptura dialoga com o afastamento das prenoções elaboradas por Durkheim. O *princípio de ruptura* está relacionado à ilusão do saber imediato. O saber sociológico não pode ser confundido com o saber espontâneo e cotidiano. Nesse sentido, Bourdieu, Chamboredon e Passeron (2005, p. 32) destacam que a vigilância epistemológica fornece "as armas indispensáveis para evitar a contaminação das noções pelas prenoções".

A mobilização de métodos (quantitativo e qualitativo) e técnicas para compreensão de um dado objeto do mundo social é o que permitirá afastar as impressões espontâneas da realidade. Os três pensadores realizaram com muita maestria essa ginástica epistemológica e metodológica desde os primeiros trabalhos, conforme já destacado. A praxiologia – como um modo de conhecimento – realiza não somente sínteses epistemológicas, mas também superações teórico-metodológicas. Nos trabalhos de Bourdieu, métodos (estatística, etnografia, história oral) e técnicas (análise fatorial, análise de correspondência múltipla, observação participante, enquetes, questionários, entrevistas, dentre outros) foram mobilizados para a realização da ruptura epistemológica. Bourdieu, Chamboredon e Passeron (2005) também propuseram que o objeto sociológico seja definido provisoriamente.

A estatística, conforme destacado, funciona na abordagem proposta por Bourdieu como um dos instrumentos fundamentais de objetivação da realidade. É preciso, segundo a tríade de pensadores (2005), superar o senso comum e o conhecimento imediato do mundo social. Este se expressa tanto no cotidiano como no campo científico. O fato de os sociólogos se debruçarem sobre objetos que falam e que, portanto, estão no dia a dia das pessoas, impõe uma maior vigilância ao uso da linguagem e das categorias. A luta do sociólogo é também uma luta contra a ilusão do saber imediato. A linguagem comum que utilizam os sociólogos pode se configurar em potencial fonte de erro, uma vez que encerra representações do mundo social. É preciso submetê-la constantemente à própria crítica.

Um dos principais obstáculos ao conhecimento sociológico é a familiaridade com o mundo social. Nele se realiza tanto a sociologia espontânea do senso comum, que produz sistematizações ilusórias sobre a realidade social, como o senso comum erudito, que é produzido pelos ditos peritos acadêmicos que repetem fórmulas linguísticas e conceituais, sem que se pergunte pelo sentido e a origem das proposições.

O *princípio da não consciência*. Trata-se de romper com a ilusão da transparência produzida pela sociologia espontânea do conhecimento do mundo social. Com esse princípio, procura-se fugir da armadilha das explicações do mundo social pelas representações cotidianas feitas pelos agentes. Buscam-se, assim, causas, estruturas profundas, que orientam e informam comportamentos sociais. Algo que não está visível aos olhos e à percepção cotidiana dos agentes. É a vida social sendo explicada por elementos que escapam à consciência particular dos indivíduos. A função desse princípio é afastar o naturalismo das representações individuais e das formas pelas quais a sociologia espontânea explica o mundo.

Tal princípio evidencia a desconfiança que Bourdieu, Chamboredon e Passeron (2005) apresentam em relação ao modo de conhecimento fenomenológico. A desconfiança na explicação imediata do mundo, sem que se expliquem as condições sociais de produção do conhecimento. É um princípio que já se encontra também presente no projeto sociológico de Durkheim, posto que visa explicar o social pelo social. Tal perspectiva afasta qualquer explicação do social a partir de concepções individualizantes. Observa-se que, por meio desse princípio, Bourdieu lança o olhar para as forças sobre as quais os indivíduos estão atrelados.

Princípio da primazia das relações. Este princípio está relacionado ao princípio anterior. Bourdieu, Chamboredon e Passeron (2005) sustentam que as relações sociais não podem ser reduzidas a relações entre subjetividades. Os agentes estão situados e posicionados em um determinado contexto social. Compreender o mundo social é privilegiar as relações e não as substâncias (BOURDIEU, 1996b). O princípio da primazia das relações afasta a "tentativa de definir a verdade de um fenômeno cultural independente do sistema das relações históricas e sociais nas quais ele está inserido" (BOURDIEU; CHAMBOREDON & PASSERON, 2005, p. 30).

De acordo com Bourdieu, a sociologia não pode reproduzir, ou mesmo descrever, apenas aquilo que se apresenta aos olhos do sociólogo. O conhecimento sociológico deve e necessita romper com a sociologia espontânea. Precisa se afastar das prenoções e da tentação ao profetismo. A necessidade da ruptura reside no fato de que a construção do discurso científico sociológico se vincula, muitas vezes, a mesma linguagem daqueles que não são sociólogos e que, por assim dizer, muito dificilmente não se apropriam dos instrumentos metodológicos e da reflexividade para abordar os fenômenos do mundo social. A sociologia não pode se limitar, na concepção de Bourdieu, a uma simples narrativa histórica e, tampouco, à descrição de dados coletados e organizados estatisticamente. A sociologia, como ciência, deve conciliar raciocínio experimental e contextualização histórica.

O sociólogo, ao observar e pôr em prática tais princípios, não se limitará à descrição da realidade. Ao contrário, encarará a sociologia como um saber que se constrói a partir de atos epistemológicos. O objeto da sociologia – o mundo social – segundo Bourdieu, Chamboredon e Passeron (2005), seguindo os passos de Gaston Bachelard, deve ser analisado segundo a hierarquia dos atos epistemológicos: 1) conquistado; 2) construído; e 3) constatado. Estes três atos epistemológicos fundam o saber sociológico. Por meio deles se interconectam os processos de investigação sociológica. O objeto sociológico deve ser *conquistado* na medida em que o pesquisador promove a ruptura com a sociologia espontânea. Situa-se, portanto, na superação do saber imediato. Atrelado a esse ato epistemológico, o objeto deve ser *construído*. A construção se dá em função da problemática e da metodologia. Trata-se, assim, de um processo. Não é algo definido *a priori*. Tal entendimento permite ao sociólogo escolher a melhor técnica e a metodologia mais propícia capazes de explicar o fenômeno estudado. Assim, o ato epistemológico – *constatado* – se realiza perante a realidade, objeto de investigação.

Esses três atos, segundo Bourdieu, Chamboredon e Passeron (2005), são hierarquizados. Não há constatação sem a construção e a conquista do objeto. O mundo social é construído dentro de uma historicidade. A apreensão do mundo social se dá pela construção do objeto que é produto do confronto das teorias com a realidade. A teoria é que possibilita questionar o real, ao tempo em que, no confronto com a realidade, também passa pelo crivo do questionamento. O não questionamento da teoria, diante do real relacional, alimenta uma postura acrítica do pesquisador que permite construir outro senso comum – o senso comum erudito ou senso comum douto. Daí a necessidade constante da vigilância epistemológica por parte do sociólogo. Esta vigilância epistemológica possibilita o afastamento da ilusão da transparência e do *princípio da não consciência*; permite o questionamento sobre a forma primeira que se apresenta a realidade, ao tempo em que permite colocar em questionamento a linguagem e as técnicas de pesquisa, tendo em vista que elas não são neutras.

Pôr em questão, estar sempre vigilante ao processo de produção de conhecimento, a partir dos atos epistemológicos, é distanciar-se de um fazer sociológico pautado em ilusões. Saber este que tem alimentado as produções de muitos cientistas sociais. A vigilância epistemológica como exercício do ofício do sociólogo permite ao pesquisador distanciar-se da ilusão do conhecimento imediato e da crença na neutralidade das técnicas de pesquisa. As técnicas e o método, a teoria e os conceitos, segundo a abordagem sugerida por esses pensadores, devem ser confrontados com a realidade e o universo empírico. As técnicas e as teorias não são tomadas como algo dado, mas sempre como produtos da construção humana. E, sendo construções humanas, ao ser adotada a técnica "a" ou a "b", esta deve ser usada de forma rigorosa.

Essa preocupação de Bourdieu para com a utilização das técnicas e o uso da linguagem já está presente desde suas primeiras pesquisas na Argélia. Todavia, dois artigos são ilustrativos quanto à rigorosidade da utilização das técnicas e dos métodos para a apreensão rigorosa do mundo social: "L'Opinion publique n'existe pas", publicado na revista *Les Temps Modernes*, em 1973, e depois republicado no livro *Questions de sociologie* (BOURDIEU, 1983) e "L'Illusion biographique", publicado em *Actes de la Recherche en Sciences Sociales*, em 1986.

Em "L'Opinion publique n'existe pas", referindo-se ao uso da estatística, Bourdieu questiona os pressupostos desse instrumento quanto à produção das pesquisas de opinião. Nesse texto, o sociólogo desmonta a noção de opinião pública apresentada pelos institutos de sondagens. Descontrói a concepção de que as opiniões são públicas e demonstra como a opinião é construída por poucos e bem posicionados agentes. Se nesse artigo Bourdieu estabelece a crítica a uma técnica fortemente vinculada ao método quantitativo, no texto "L'Illusion biographique" realiza a crítica à técnica que se encontra voltada para as pesquisas de cunho qualitativo. Isso demonstra que o rigor deve ser com o método, independente de ser quantitativo ou qualitativo.

Diante dessa preocupação apresentada por Bourdieu quanto ao uso das técnicas, convém afirmar que se as técnicas não forem utilizadas de forma rigorosa, observando a produção social no tocante ao que se deseja pesquisar, se não forem levadas à crítica, correm o risco de construir ilusões. As duas ilusões que podem ser extraídas dos exemplos de pesquisa realizada por Bourdieu dizem respeito à ilusão do cientista (expressa pelos dados estatísticos) e à ilusão biográfica (expressa pelo saber imediato).

Ao cientista social cabe, portanto, a partir dos três atos epistemológicos, questionar a realidade com vistas a conhecê-la e ser rigoroso quanto às ferramentas (técnicas e metodologias). Ferramentas que vão da linguagem – conceitos e teorias (o principal instrumento de toda e qualquer ciência moderna) – às metodologias e técnicas utilizadas. A construção da pesquisa se realiza a partir de um exercício rigoroso, com testes de hipóteses e modificações destas quando necessário; correlações de variáveis e construções de novas; rigor e criticidade em relação à linguagem. Os conceitos devem ser sempre testados empiricamente para se verificar sua validade. Não se trata de repeti-los, mas, antes, de confrontá-los com o universo empírico.

Na quarta lição, para tanto, abordar-se-ão os conceitos de *espaço social* e de *campo* como categorias fulcrais, forjadas pelo pensador a partir das pesquisas empíricas e do diálogo com a tradição.

Quarta lição

Espaço social e teoria dos campos

A sociedade não é um todo orgânico e harmônico. É um espaço estruturado em função das distâncias sociais que separam os agentes. Esta é a definição de sociedade compreendida por Bourdieu. Trata-se de pensar o espaço concebido como um conjunto de posições sociais ocupadas por agentes numa dada formação social. Com tal entendimento, o sociólogo francês se volta para uma explicação do mundo social em que o poder, os capitais e as lutas por classificação estão presentes. Os conflitos, as disputas, as lutas e as forças tornam-se centrais, afastando-se, assim, da perspectiva que encara o social como harmônico e destituído de conflitos. Os agentes são encarados nesse espaço social a partir das posições que ocupam.

Os agentes no espaço social – espaço de força (no sentido estático) e de lutas (no sentido dinâmico) – estão continuamente lutando por meio de estratégias (simbólicas e materiais) desenvolvidas com vistas à manutenção e à reprodução da posição social. Os capitais estruturam os campos, estes entendidos como espaços da prática. É a quantidade de capital acumulada pelos agentes que permite ao sociólogo mensurar empiricamente a posição que eles ocupam. Aqueles que possuem maior *quantum* de capital se posicionam no polo dominante do campo na estrutura do espaço social. Já este espaço, por assim dizer, é constituído pelos campos (econômico, político, cultural, artístico, intelectual, educacional, científico, dentre outros) nos quais os agentes agem de acordo com a posição e disposição incorporada e o peso dos capitais.

A teoria dos campos desenvolvida por Bourdieu está relacionada à teoria da prática. Se a teoria da prática é uma proposta alternativa e de síntese ao modo de conhecimento subjetivista e objetivista, a teoria do campo é desenvolvida com vistas a dar conta da prática, a partir das relações de força e de sentido das lutas que ocorrem no espaço social. A teoria da prática, nesse sentido, está para uma teoria do conhecimento sociológico assim como a teoria dos campos está para uma teoria política, quando associada à teoria dos capitais e da legitimidade cultural.

Com essas duas teorias Bourdieu propõe uma relação dialética entre a ciência e a política. É no campo que os agentes agem no mundo social. Cada campo possui suas especificidades que se constituem por regras e capital específicos. No entanto, existem leis gerais que perpassam todos eles. A relação entre dominador e dominado, por exemplo, está presente em todos os campos, bem como as relações de força e de lutas que se dão em torno dos capitais específicos.

O campo tem regras próprias e objetivas. Esta é uma das suas especificidades, um microcosmo estruturado, espaço de força e de lutas. O campo possui uma autonomia relativa, porém, é preciso salientar que forças que se encontram no macrocosmo (espaço social) também interferem nele. Sendo o campo o espaço da prática, os agentes agem de acordo com as disposições internalizadas, a partir da posição e da trajetória. As estruturas objetivas do campo são, por assim dizer, incorporadas no corpo e na mente dos agentes, o que lhes permite agir por meio de esquemas materializados em seus corpos. Em cada campo há correspondência a um *habitus*.

Aqueles que incorporam o *habitus* próprio ao campo estão em condições objetivas e subjetivas de disputar o jogo e acreditar na importância dele (BOURDIEU, 2001a). Daí que para Bourdieu, alguém que adquiriu, no decorrer da trajetória, esquemas de percepção e de ação (*habitus*) relacionados à estrutura do campo econômico dificilmente será um agente do polo dominante do campo intelectual ou artístico. Cada campo corresponde a regras, lógica e *habitus* próprios. O que mobiliza e a maneira como mobiliza um grande empresário (a exemplo do homem mais rico do Brasil) não é, portanto, a mesma forma que mobiliza e a maneira como mobiliza um intelectual (a exemplo de Francisco de Oliveira). Estão em campos diferentes e agem com interesses diferentes. O interesse, nesse caso específico, não "é reduzível ao interesse econômico" (BOURDIEU, 2001b, p. 69). A ação desses agentes, em campos distintos, é orientada também por *habitus* diferentes construídos e incorporados pelos agentes, a partir de suas escolhas socialmente ordenadas dentro do espaço da prática.

Os capitais no espaço da prática (campo) são distribuídos de forma desigual e determinam a estrutura do campo. Esta estrutura se constrói a partir de forças históricas (agentes e instituições) em disputas. É no campo que as produções simbólicas se reproduzem por meio das estruturas de dominação social. Os sistemas simbólicos (religião, arte, língua) são produzidos e apropriados pelo conjunto do grupo ou produzidos por um conjunto de especialistas dentro de um campo de produção relativamente autônomo. A sustentação da relativa autonomia dos campos decorre, segundo Bourdieu, da análise realizada acerca dos processos de diferenciação crescentes nas sociedades contemporâneas, a partir da divisão do trabalho. A luta no interior do campo, para além de ser pela manutenção ou conservação da posição, é também orientada pelas disputas por capitais, pelo controle da produção de bens escassos.

Em *Les règles de l'art: Genèse et structure du champ littéraire* (1996a), por exemplo, obra mais expressiva sobre o conceito de campo, Bourdieu constata, ao analisar a produção literária francesa do século XIX, que indivíduos e instituições lutam pelo monopólio da autoridade artística (BOURDIEU, 1996a). No próprio campo estão definidos os critérios de legitimação que reconhecem ou não o artista ou os bens que são produzidos por aquele agente.

Nessa mesma obra o sociólogo apresenta o conceito de campo literário como aquele que apreende o mundo das letras em um universo dotado de relativa autonomia, uma vez que é regido por regras próprias condizentes com a história e também possui um capital específico em disputa. Ao que parece, Bourdieu inspira-se na concepção de campo magnético (atração e repulsão) para designar o espaço da prática como espaço de posições que se definem umas em relação às outras, em função da distribuição desigual do capital específico e um espaço de tomadas de posições inscritas em uma história, que também adquirem sentido em relação às outras (SAPIRO, 2017, p. 89). Semelhanças também se apresentam, quanto à noção de campo, na emergência de várias esferas valorativas presentes no projeto sociológico de Max Weber.

Para Bourdieu, os campos (econômico, político, artístico, religioso, educacional, científico, dentre outros) coexistem com suas regras próprias e lógicas que perpassam todos eles. A posição de um agente ou de uma classe no espaço social se define a partir do volume, da estrutura e do tempo global do capital (BOURDIEU, 1996b, p. 30). Aqueles que se encontram no polo dominante não estão aí posicionados por acaso. A sua posição decorre do volume do capital acumulado ao longo da trajetória ou mesmo recebido como herança. A sociedade capitalista, para o sociólogo francês, estrutura-se, portanto, por meio de dois capitais: econômico e cultural. Assim, compreender a relação entre os dominantes e os dominados é mensurar as posições que estes ocupam no campo, a partir do volume de capital adquirido.

Com esse entendimento acerca do mundo social, Bourdieu se distancia de uma concepção substancialista da realidade e apreende tal realidade de forma relacional. Desenvolve, desse modo, uma sociologia relacional do mundo social. Os agentes deixam de ser pensados de forma isolada, absoluta e fixa, e passam a ser pensados de forma relacional, na relação dos agentes no tocante aos demais. Deixam de ser concebidos abstratamente e passam a ser compreendidos em sua concretude existente. O real, nesses termos, é relacional, e não racional, como sugere o paradigma da filosofia da consciência. Essa compreensão permite afastar-se do erro racista e do senso comum em querer compreender as práticas sociais e culturais a partir delas mesmas (BOURDIEU, 1996b, p. 17).

Em sua obra *La distinction – Critique sociale du jugement*, o sociólogo observa que as diferenças de condições de existências das classes se expressam tanto no plano material como no simbólico. A linguagem, os valores, as práticas culturais de cada uma das classes se diferenciam. Os membros das classes populares, por exemplo, estão muito mais relacionados aos bens materiais e simbólicos úteis que possuam praticidade, portanto, funcionais. Em contrapartida, os agentes pertencentes à classe dominante valorizam bens supérfluos com pouca utilidade prática (NOGUEIRA & NOGUEIRA, 2009, p. 38, 39). Nessa obra, Bourdieu nos apresenta como o gosto estético é construído a partir das posições e disposições dos agentes no espaço social, por meio de uma vasta pesquisa empírica. O gosto não é algo dado naturalmente. Bourdieu chega a esta constatação mobilizando uma vasta pesquisa utilizando-se de diversas técnicas, dentre elas, a análise de correspondência (BOURDIEU, 2007).

A classe dominante ou a burguesia, na perspectiva da praxiologia, não se reconhece tão somente pelo seu acúmulo de riqueza, mas também pelas suas práticas culturais. A própria culinária expressa esses processos de diferenciação. As classes populares tendem a valorizar comida pesada, farta, e o que lhes é servido de maneira fácil e prática sem muito requinte e exibições estéticas. A classe dominante, diferentemente, distancia-se do mundo concreto. Na culinária, por exemplo, seus pratos são quase sempre leves, com comidas requintadas e exibições estéticas. O modo de comer e como comer mantém uma relação direta com a posição e o *habitus* de classe (BOURDIEU, 2007, p. 118, 119).

O *habitus*, nesse sentido, funciona como princípio gerador e ordenador de todas as práticas sociais e culturais existentes. Ele orienta as escolhas culturais de uma classe, as quais podem ir da alimentação às práticas esportivas. Daí observa-se como as classes desprovidas de capital cultural e econômico – classes populares – estão mais próximas das escolhas relacionadas e que, portanto, privilegiam algo concreto, pesado, relacionado à dimensão corporal. Por isso, diferenciam-se das classes dominantes, detentoras de capital econômico, que privilegiam as práticas culturais próximas da leveza, da racionalidade, relacionadas à dimensão "espiritual". A velha e atualizada dicotomia "corpo" e "alma", presente na filosofia da consciência; a divisão do trabalho e a separação entre trabalho manual e trabalho intelectual estão aqui presentes.

Para Bourdieu, a classe dominante, detentora do capital econômico, define o gosto legítimo. O gosto que serve de referência aos demais agentes da sociedade, pertencentes às classes médias e populares, que tendem a imitar, muitas vezes, o comportamento e as práticas da classe superior. As classes populares imitam o consumo da classe média e, esta, o da classe dominante. Daí que o processo de distinção – que se configura pela posição e pela distância a ser mantida entre as classes – alimenta uma lógica prática constante das classes superiores a consumirem produtos que não se assemelhem aos produtos consumidos pelas classes médias ou populares, já que estas tendem a imitar o consumo daquelas.

No Brasil, com a ascensão das classes populares, por exemplo, assistiu-se a uma aproximação dessas classes ao acesso e ao consumo de bens culturais que até então eram tidos como típicos de determinados agentes, o que alimentou uma série de lutas simbólicas e materiais, de disputas e ódio de classe entre a classe média e a classe popular ascendente. Aqueles que ascenderam e que, portanto, passaram a consumir os bens que, até então, serviam de distintivos à "tradicional classe média" (carro, acesso a aeroportos, compra em *shopping center*, acesso à universidade, dentre outros), passaram a disputar os espaços sociais e os símbolos – elementos de diferenciação – tidos como pertencentes àquela classe. Este processo alimentou o ódio e acirrou as lutas por classificação, ao tempo em que também se exacerbou a busca por processos de diferenciação entre a classe média e as classes populares. A classe média sentiu-se ofendida, a partir da sua posição no espaço social, ao perceber que os lugares que frequentava tornaram-se também frequentados pelas classes populares. Isso promoveu uma constante e recente luta por classificação e imposição de princípios de visão e di-visão de mundo, por conta dos bens culturais e espaços acessados pelas classes populares.

Tal fenômeno, ocorrido na sociedade brasileira a partir da ascensão – via consumo – de setores, até então, excluídos de determinados bens, é denominado por Bourdieu como um processo de *lutas por classificação*. A *luta por classificação* é assinalada nas sociedades contemporâneas como processo de luta entre as classes sociais que se desdobra numa luta simbólica e se realiza no sentido de impor a visão de mundo e as formas de classificação dos grupos dos extratos superiores, grupos dominantes. Nesses termos, o espaço social para Bourdieu é constituído por campos (econômico, político, cultural, científico, burocrático, artístico, religioso, dentre outros) que funcionam como arenas e territórios de competição, concorrência, disputas, investimentos, luta social, bem como uma rede de relações objetivas entre posições. Em tais campos, os agentes se utilizam de dois tipos de estratégias: 1) estratégias de conservação ou de reprodução e de sucessão; e 2) estratégias de subversão. Aqueles agentes que monopolizam o capital específico do campo (o dinheiro no campo econômico, por exemplo) buscam, por meio dessas estratégias, conservar, ampliar ou manter sua posição. Esses agentes são classificados como ortodoxos, pois desejam que as regras permaneçam como estão. Os que assumem as estratégias de subversão são os que, não possuindo o capital específico daqueles que se encontram no polo dominante, desejam, almejam ocupar aquela posição. São os neófitos. Estes contestam o fundamento da hierarquia das posições e buscam, quase sempre, mudar as regras do jogo.

Tal multiplicidade de campos, para tanto, está abrigada no campo do poder (análogo à sociedade civil gramsciana) e se difere do metacampo que corresponde ao Estado e que, portanto, impõe princípios gerais de funcionamento a todos os campos (BURAWOY, 2010, p. 67). O metacampo ocupa, na sociologia política de Bourdieu, uma análise diferenciada, pois, ao falar de metacampo, refere-se ao Estado como instituição que expressa e acumula o maior volume de capitais (capital econômico, capital simbólico, capital político, capital militar, capital informacional, dentre outros, que pode se traduzir em uma instituição que acumula um metacapital). Tamanho acúmulo de capital permite-lhe concentrar e ter exclusividade sobre o uso legítimo da força física e da força simbólica. O Estado é a instituição que constitui o mundo social segundo certas estruturas. O tempo, as nossas agendas e toda a nossa vida e o nosso pensamento, na sociedade capitalista, são estruturados a partir dessa instituição.

Na lição subsequente tratar-se-á da concepção empreendida por Pierre Bourdieu acerca do *habitus* e das *classes sociais*.

Quinta lição

Habitus e classes sociais

O projeto sociológico construído por Pierre Bourdieu instaura nas Ciências Sociais novas chaves de compreensão e explicação do mundo social. A teoria por ele elaborada tem permitido investigações e estudos empíricos em variados contextos com uma multiplicidade de objetos. Bourdieu, ao tempo em que se utiliza das epistemologias de diferentes áreas do conhecimento e dialoga com vários pensadores (sociólogos, linguistas, antropólogos, historiadores, economistas, cientistas políticos, filósofos, dentre outros), propõe uma nova epistemologia com um arsenal conceitual inovador, que tem possibilitado novas interpretações e explicações acerca dos fenômenos sociais. Os conceitos de espaço, campo, *habitus* e capitais, dentre outros, por exemplo, foram forjados a partir dos experimentos teóricos em confronto com o universo empírico nas pesquisas por ele realizadas.

Habitus não se confunde com *hábito*. O primeiro é dinâmico e dialético e contrapõe-se à concepção estática e mecânica do segundo. A partir do conceito de *habitus*, Bourdieu pretende romper com a lógica mecânica da reprodução, compreendendo o *habitus* como um princípio gerador das práticas e como um princípio de invenção, produzido e gestado na história. Esse conceito, para tanto, da mesma forma que as noções de campo e de capital, torna-se central no projeto sociológico bourdieusiano. Ambos estão imbricados e relacionados. O *habitus* é o conceito mediador que possibilita, na teoria da prática, a mediação entre ação e estrutura, indivíduo e sociedade, subjetividade e objetividade, fenomenologia e objetivismo.

O conceito de *habitus* foi incorporado ao projeto sociológico de Bourdieu a partir da reconstrução por ele realizada da concepção de *habitus* e *hexis* esboçada em Aristóteles, e, posteriormente, retomado por autores contemporâneos como Husserl. Foi Aristóteles quem construiu e sistematizou, pela primeira vez, o conceito de *habitus* para pensar a prática reiterada e o saber prático incorporado. Bourdieu, para tanto, ao tempo em que recupera Aristóteles, propõe pensar o *habitus* em termos relacionais, isto é, pensar a incorporação da estrutura e a estruturação das práticas a partir da posição que os agentes ocupam dentro do campo.

A ação social será identificada, por assim dizer, nas relações entre as estruturas incorporadas (*habitus*) e as estruturas objetivas (campos), o que permite o distanciamento da proposta de conhecimento do mundo social elaborada pelos estruturalistas. A socialização, realizando incorporação do *habitus* de classe, produz a filiação de classe dos indivíduos, reproduzindo, ao mesmo tempo, a classe enquanto grupo que compartilha o mesmo *habitus* (BONNEWITZ, 2003, p. 75).

Observa-se que, para Bourdieu, há uma gênese social por parte dos esquemas de percepção, de pensamento e de ação, constitutivo do *habitus*; e das estruturas sociais, em particular, dos campos e dos grupos (BOURDIEU, 2009). O pensador francês, nesse sentido, está propondo a construção de um projeto sociológico que seja capaz de dar conta das práticas cotidianas sem que deixe de considerar o peso exercido pelas estruturas sobre os agentes. Assim, o *habitus* exprime, sobretudo, "a recusa a toda uma série de alternativas nas quais a ciência social se encerrou, a da consciência (ou do sujeito) e do inconsciente, a do finalismo e do mecanicismo" (BOURDIEU, 2001b, p. 60).

A teoria do *habitus* se aproxima da concepção, sugerida por Noam Chomsky, de gramáticas gerativas. A diferença reside no fato de que as gramáticas gerativas possuem um caráter mentalista que tende a reduzir-se a uma concepção biologizante, enquanto o *habitus* se constitui de esquemas que se definem pela inscrição nos corpos e depende das experiências sociais. O agente situado no campo não é concebido como o sujeito no sentido cartesiano, nem o sujeito transcendental em Kant, nem no indivíduo livre das concepções liberais e, tampouco, o executor das estruturas sociais, nas perspectivas objetivistas. O agente é concebido a partir do princípio gerador que assume as práticas cotidianas e do princípio inventivo e criador que constitui o *habitus*. Com esses dois princípios, o *habitus* se constitui em conhecimento adquirido. Sendo conhecimento adquirido é também histórico. É história incorporada, incrustada no corpo e na mente dos agentes, uma segunda natureza que orienta o agir, o pensar e o sentir dos agentes em sociedade.

Tal concepção permite distanciar-se do entendimento universalista do sujeito, bem como de uma natureza humana presente na proposta de Noam Chomsky. Pelo *habitus* a história se materializa no corpo dos agentes. Aqui reside uma das diferenças entre a praxiologia e o modo de conhecimento objetivista (estruturalista). O *habitus* não obedece, por assim dizer, a um princípio inalterável. O agente não nasce com o *habitus*, adquire-o. A socialização assume centralidade nesse processo, quer seja a socialização primária (por meio da família) quer a socialização secundária (por meio da escola, por exemplo). A partir disso, os indivíduos realizam a aprendizagem das relações sociais entre os seres humanos, o que lhes permite incorporar (trazer a cultura a impregnar-se no corpo) valores, normas e crenças do mundo externo.

Em seus primeiros estudos na Argélia, Bourdieu constatou como os subproletariados argelinos, por exemplo, possuíam *habitus* dilacerados pelas tensões e contradições impostas pelos condicionamentos da dominação capitalista francesa. O fato aponta, assim, para o entendimento de que o *habitus* não se configura em algo fechado, instransponível, adaptado e, tampouco, coerente. As disposições incorporadas pelos agentes podem entrar em desacordos com as forças do campo que são constitutivas das normalidades. Tais desacordos sucedem das mudanças ocorridas nas condições objetivas. Isso implica dizer que, enquanto persistem as condições objetivas de formação do *habitus*, há a continuidade de adaptação das condições que permitem ao agente adotar práticas ajustadas às diferentes situações em que se encontra no campo. Todavia, ao se modificar as condições objetivas, produz-se uma defasagem do *habitus* antigo em relação às condições novas, o que promoverá a *hysteresis* (BOURDIEU & SAYAD, 2006). No entendimento de Bourdieu, consiste no descompasso que ocorre em relação às mudanças objetivas das estruturas que afetam diretamente o *habitus*, promovendo desajustes entre o mundo objetivo e o mundo subjetivo. Isso pode ser compreendido, por exemplo, nos "conflitos de gerações", no descompasso entre o *habitus* dos pais e dos filhos, estruturado pelas instâncias de socialização múltiplas como a escola e a mídia.

Uma leitura apressada sobre os primeiros trabalhos de Bourdieu pode levar o leitor a encarar seu projeto sociológico como estruturalista. Bourdieu não exclui o peso que a estrutura exerce sobre as práticas cotidianas, porém as recupera, em outra chave explicativa, por intermédio do conceito de *habitus*. A inventividade dos agentes torna-se central, distanciando-se, assim, já nos seus primeiros trabalhos, das perspectivas que concebem a ação como resultado da estrutura que retira a capacidade transformadora dos agentes sem, com isso, ser indiferente ao peso das estruturas sociais (BOURDIEU, 2002). Nos trabalhos sobre a Argélia, todo o seu esforço deveu-se em perceber as transformações pelas quais passaram aqueles agentes e instituições dentro da formação social de profunda violência simbólica e desenraizamento social. Como sugere Bourdieu, o *habitus* não é compreendido em seu sentido mecânico, como hábito, mas em seu sentido dialético, como história que se materializa ou como história que se incorpora (2009, p. 87). Nesse sentido, define o *habitus* como:

> Sistemas de disposições duráveis e transponíveis, estruturas estruturadas predispostas a funcionar como estruturas estru-

turantes, ou seja, como princípios geradores e organizadores de práticas e de representações que podem ser objetivamente adaptadas ao seu objetivo sem supor a intenção consciente de fins e o domínio expresso das operações necessárias para alcançá-los, objetivamente "reguladas" e "regulares" sem em nada ser o produto da obediência a algumas das regras e, sendo tudo isso, coletivamente orquestradas sem ser o produto da ação organizadora de um maestro.

O *habitus* é entendido como um sistema de disposições gerais que se adapta, por meio dos agentes, a cada conjuntura específica de ação. O *habitus* se traduz, assim, pelo *ethos*, que são os valores em estado prático, cultura tornada corpo e não consciente da moral, e pela *hexis corporal*, que diz respeito às posturas, às disposições do corpo. Em outras palavras, o *habitus* não só permite entender o porquê que as pessoas se vestem ou se alimentam de tal maneira ou praticam tais esportes, mas, também, a forma como elas se vestem, se alimentam e praticam tais esportes.

A teoria da prática proposta por Bourdieu (2002) tem, nesse sentido, o recurso à história como elemento central para pensar a relação entre agente e estrutura, subjetividade e objetividade, de forma dialética pela mediação do *habitus*. O mundo social é compreendido e explicado na cumplicidade e na relação entre a história tornada corpo e a história tornada coisa. A primeira relacionando-se à história encarnada nos corpos, sob a forma de *habitus* entendido como algo que se adquire historicamente, ou seja, algo que necessita de tempo para que seja internalizado. A segunda, "a história tornada coisa, refere-se à história que se materializa nos objetos; a história objetivada nas coisas sob a forma de estruturas e mecanismos que designam o espaço social e o campo" (BOURDIEU, 2001a, p. 184-185).

A magia do social, através dos processos de dominação, está em camuflar as práticas sociais e culturais como produção histórica expressas em nosso corpo. A magia do social está em esconder a historicidade apresentando as práticas como expressão da condição natural dos agentes. Se o *habitus* é história incorporada, isso implica afirmar que o mundo social é internalizado no agente e construído. Assim o agente, para além de se constituir enquanto ser biológico, é um ser social, construído no decorrer de um processo histórico a partir da sua posição no campo. O agente é, invariavelmente, sociedade. No agente está a sociedade como externalidade internalizada em seu corpo, bem como, por estar situado no campo, num contexto de forças sociais, externaliza o que incorporou em disposições que orientam as formas de agir, pensar e sentir, configurando-se matrizes de apreciação, percepção e ação.

A história permite, nesse sentido, afastar-se de uma concepção naturalizante do mundo social e de tudo que nele se realiza. A história encarnada nos corpos permite perceber que o indivíduo não é este ser abstrato concebido pelo individualismo metodológico. O agente internaliza o mundo social nos seus esquemas cognitivos. Os corpos deixam de ser pensados como estruturas biológicas, tão somente, e passam a ser pensados como corpos socializados. É o processo de socialização e incorporação pelos agentes, a partir da posição destes situados no campo, que informam as matrizes de apreciação e de percepção que orientam as escolhas e os interesses em jogo.

É a lógica da prática que fundamenta o *habitus*. Preferir cachaça a vinho, feijão, arroz, cuscuz e carne de galinha de capoeira a caviar decorativo do sushi; votar na direita a votar na esquerda; praticar futebol ao invés de tênis, todas essas escolhas não são aleatórias. Elas são orientadas pelo *habitus*, resultado da interiorização da exterioridade, a partir da posição que ocupamos no mundo social. Nossas práticas e representações não são frutos da nossa liberdade, mas das escolhas condicionadas pela posição no espaço social. Com tal perspectiva, Bourdieu ratifica a força que as estruturas exercem sobre nós e, ao mesmo tempo, a forma como incorporamos valores, normas e representações, fazendo destas matrizes de ações e percepções. Assim, a prática dos agentes não tem origem num cálculo, como sugere a teoria da escolha racional do *homo economicus*, e, tampouco, nas determinações externas, conforme recomenda a abordagem estruturalista; as práticas têm origem na mediação entre o agente e a estrutura que se dá pelo *habitus*.

O *habitus*, nesse sentido, assume a conotação de princípio gerador e unificador das práticas, "capacidade infinita de engendrar em toda liberdade (controlada) produtos – pensamentos, percepções, expressões, ações – que sempre têm como limites as condições historicamente e socialmente situadas de sua produção; a liberdade condicionada e condicional que ele garante está tão distante de uma criação de imprevisível novidade quanto de uma simples reprodução mecânica dos condicionamentos iniciais" (BOURDIEU, 2009, p. 91). Por meio do *habitus* é possível perceber os estilos de vida e a posição que o indivíduo ocupa, bem como a classe a que pertence. O *habitus* diferencia-se tanto entre os indivíduos como entre as classes. Eles são diferenciados a partir da posição relacional que os agentes ocupam no campo, ao tempo em que, também, são diferenciantes. Operam no mundo prático como princípios de diferenciação, ou seja, princípios de classificação, de visão e de di-visão. Dito de outra forma, *o habitus* é produto da incorporação pelos agentes da condição de classe, que decorre, simultaneamente, de uma situação e posição de classe.

Os estilos de vida, por exemplo, de um indivíduo pertencente à classe trabalhadora e de um indivíduo pertencente à classe dominante imprimem modos de escolhas diferenciadas e diferenciantes, a partir da posição e da situação de classe que ocupam no mundo social. A maneira que se vestem e como se vestem, a atividade esportiva que praticam e como a praticam, o espaço social que frequentam e como o frequentam, possibilitam identificar o *status* e o poder econômico dos indivíduos. O estilo de vida permite identificar as marcas ou signos de distinções de classes.

Em maio de 2017, participei na Universidade Federal do Paraná (UFPR), junto dos pesquisadores David Cattani (UFRGS) e Igor Grill (UFMA), de uma mesa-redonda coordenada pelo pesquisador Ricardo Costa de Oliveira sobre "Família e classes sociais no Brasil". Na oportunidade, David Cattani fez uso de uma sátira, referindo-se ao Professor Gonçalo Guimarães da COPPE-UFRJ, que explicita as diferenciações existentes na estrutura social brasileira, e exemplifica o gosto de classe pela transponibilidade do *habitus*. A sátira se traduz da seguinte forma:

> – Quem são os pobres? São aqueles preocupados com o que vão comer hoje à

noite, isso se conseguirem comer alguma coisa...

– Quem pertence à classe média baixa? Aqueles preocupados em saber como vão sobreviver até o final do mês, como pagar escola, aluguel, alimentação etc.

– Quem pertence à classe média? Aqueles preocupados em saber onde irão passar as férias de verão, se trocam ou não de carro e que reclamam o tempo todo da carga tributária.

– Quem pode ser classificado como classe média alta? Aqueles preocupados em saber se na próxima temporada irão a Londres ou a Nova York e se, além de Miami, comprarão uma residência em Portugal.

– Quem pertence à classe verdadeiramente rica? Aqueles preocupados em como passar o patrimônio para os netos.

Observa-se, a partir desta sátira, elementos que podem ser relacionados ao *habitus* de classe, de acordo com o que sugere a proposta sociológica de Bourdieu. As classes populares (aqui os pobres e a classe média baixa) têm um *habitus* fortemente marcado pelo sentido da necessidade e da adaptação a essa necessidade. Os valores e as escolhas estão muito mais próximos das necessidades materiais, restando-lhes pouco para investimentos em bens culturais. Daí resulta que, como já mencionado, as classes populares valorizam a força física, orientando suas escolhas por práticas alimentares "pesadas", com maior volume no "prato" e que, também, traduz-se em práticas esportivas que necessitam do uso mais intenso da força física (futebol, boxe, dentre outras).

A "pequena burguesia" (pensada aqui pela classe média e a classe média alta), está voltada para o investimento em capital cultural, como forma de se distinguir das classes populares e se aproximar dos valores e do estilo de vida da classe dominante. Embora não possuindo homogeneidade quanto aos estilos de vida, buscam valorizar os prazeres proporcionados pelos espaços que frequentam. A *hexis* corporal se traduz nas escolhas por alimentação leve e cuidado maior com o corpo, além de investir parte do seu tempo livre em capital cultural, para que, assim, possam se inserir nos melhores postos de trabalho da burocracia estatal e do mercado.

A classe dominante (que, na sátira, corresponde à classe verdadeiramente rica), diferentemente possui um *habitus* constituído a partir da noção de distinção. Procura-se diferenciar das demais classes. As diferenciações se expressam nos corpos e nas mentes. É a classe detentora do capital econômico. A *hexis* corporal, por exemplo, de um agente pertencente à classe dominante se traduz na linguagem e na maneira como dispõe do corpo no espaço social. Em sua casa é possível identificar quadros, obras de arte, carros de luxo, helicópteros, jatinhos e iates. Estão preocupados na transmissão do patrimônio, quer seja material ou simbólico, o que se constitui em uma das estratégias (estratégia sucessória) utilizadas pela classe dominante para a reprodução social do grupo e, aqui, também, da classe social. Inexiste a preocupação com as necessidades basilares, conforme ocorre com aqueles que pertencem à situação de classe dos pobres e da classe média baixa – classes populares.

A sátira nos mostra, conforme sugere Bourdieu, que as distâncias no espaço social entre as classes populares e a classe dominante também podem ser observadas na relação do acesso a bens vinculados ao corpo e ao espírito. Quanto mais preocupados estão em saciar as necessidades existenciais, mais desprovidos estão os agentes em relação aos dois capitais – cultural e econômico – que estruturam as sociedades capitalistas. Vê-se que, na sátira, os "pobres" e a classe média baixa estão preocupados em sanar a "fome" e resolver problemas que se encontram na ordem das necessidades basilares, enquanto as classes médias e a classe média alta, ao tempo em que se distanciam das classes populares também se distanciam da preocupação vinculada às necessidades existenciais básicas. Para estas classes as preocupações emergem em outra dimensão. Estão interessadas no investimento em capital cultural, em frequentar espaços que a classe dominante frequenta. Porém, vê-se que, se há distância entre as classes populares e as classes médias, entre estas e a classe dominante não será diferente. A classe dominante, como classe detentora da distinção, por excelência, diferencia-se e distancia-se das demais classes não apenas pelo seu acúmulo de riqueza, mas, sim, pela forma como realiza suas práticas. Observa-se que, para a classe dominante, inexiste a preocupação com as necessidades existenciais; a atenção está voltada para a transmissão e, mais do que isso, para a manutenção e reprodução da sua posição de classe. O distanciamento e os processos de diferenciações entre as classes tornam-se visíveis não somente pelos tipos de capitais que os agentes adquirem, mas também pelas práticas que realizam no mundo social.

A sociologia proposta por Bourdieu permite, assim, uma leitura sofisticada das classes sociais a partir do *habitus de classe* e do *estilo de vida*, relacionando ordem econômica e ordem social (estilo de vida e *status*). Sem negar a importância do capital econômico (presente na análise de Marx), articula outros elementos de diferenciação que inferem *status* às classes intermediárias, os quais, somados, possibilitam entender a gradação de situações e processos de diferenciação que se tornam perceptíveis no imediatismo da necessidade (da fome), para aqueles que pertencem às classes populares, e nas preocupações intergeracionais para uma minoria, detentora do capital econômico.

Com tal sofisticação teórica, Bourdieu irá compreender as classes, por exemplo, não de forma teórica definida aprioristicamente. Ao privilegiar as relações em detrimento das substâncias, a classe real em detrimento da classe ideal, o intelectual francês propõe pensar a classe mobilizada. As classes sociais existem como grupos práticos: famílias, associações, movimentos sociais e políticos. É a proximidade dos agentes no espaço social que possibilita uma potencialidade objetiva de unidade do grupo, ou como diz o sociólogo, "uma classe provável". As classes mobilizadas – que são, para Bourdieu, classes reais – produzidas pelas lutas de classificação – lutas políticas e simbólicas – têm como objetivo impor uma visão reconhecida, logo desconhecida, sobre as divisões do mundo social. As classes sociais existem enquanto mobilização, como construção que se faz no espaço a partir das lutas políticas e simbólicas.

Na sexta lição esboçar-se-á a teoria dos capitais, esta entendida como uma das teorias centrais à proposta sociológica de Pierre Bourdieu.

Sexta lição

Teoria dos capitais

O capitalismo contemporâneo é compreendido por Bourdieu pelo constante processo de diferenciação, hierarquização, reprodução de desigualdades e autonomização dos campos. A sua proposta de sociologia busca compreender os processos de diferenciação social, presentes nos diferentes campos, de forma que possam explicitar os mecanismos que legitimam as desigualdades sociais. Diferenciando-se das abordagens hegemônicas – marxista e weberiana – que, respectivamente, encaravam os processos de diferenciação pelo antagonismo de classes (centrado no capital econômico) e pelos estratos sociais (constituídos por poder, riqueza e prestígio), Bourdieu propõe uma sociologia do espaço social e dos campos sociais, buscando recuperar conceitos centrais das abordagens marxistas e weberianas com vistas a avançar no sentido de propor uma explicação, fundamentada empiricamente, capaz de dar conta dos processos de diferenciação e das desigualdades existentes sem cair no reducionismo economicista, integrando, portanto, poder, riqueza e *status* à concepção de classes sociais.

As pesquisas coordenadas por Pierre Bourdieu na França constataram com robustas evidências empíricas que as disputas no interior dos campos não se dão, tão somente, por um tipo de "recurso" (o capital econômico, por exemplo), mas por "recursos" vários que se traduzem em diversos tipos de capitais (econômico, político, cultural, social, religioso, simbólico, dentre outros). Evidenciaram que os capitais tornam-se centrais como "recursos", operações de investimentos e aplicações materiais e simbólicas pensados como mecanismos que permitem elaborar as estratégicas de manutenção, reprodução e transmissão do patrimônio dos agentes, grupos ou mesmo instituições.

O projeto sociológico construído por Bourdieu explicita que se o campo é o espaço das práticas e disputas, os capitais são os bens que se disputam. As disputas nos campos se dão por capitais que não se resumem a um tipo específico, tendo em vista que, no mundo social, existe uma multiplicidade de operações de investimentos que extrapolam a dimensão econômica, sendo aquelas tão importantes quanto esta, a depender do campo em que está atuando o agente. A sociedade contemporânea, nesse sentido, de acordo com a teoria dos capitais proposta por Bourdieu, estaria estruturada da seguinte forma: 1) classe dominante; 2) pequena burguesia; e 3) classes populares.

Por possuir o maior volume de capital econômico (capital financeiro), a burguesia financeira, detentora do maior *quantum* de capital econômico, estaria no topo em relação à burguesia industrial. Os banqueiros atualmente possuem um *quantum* de capital que lhes permite diferenciar-se da burguesia industrial. Daí falar-se em processo de desindustrialização em detrimento do aumento e avanço da financeirização – um deslocamento do capital produtivo para o capital improdutivo. A classe dominante se diferencia das demais classes por possuir um expressivo volume de capital econômico e capital cultural objetivado (obras de arte, livros raros, galerias de arte etc.). Os agentes pertencentes a tal classe acumulam diversos outros tipos de capitais (econômico, cultural, social, simbólico, dentre outros), com destaque para o capital econômico (financeiro) e o capital cultural objetivado.

Todavia, observa-se que, mesmo dentro da classe dominante, é possível identificar frações de classes com estilos e *habitus* diferentes, não sendo, assim, uma classe homogênea e detentora apenas do capital econômico. Os estudos sobre riqueza e grandes fortunas elaborados por Michel Pinçon e Monique Pinçon Charlot nos trazem elementos para pensar estilos de vida desses grupos dominantes

(PINÇON & PINÇON, 1998). Conforme assinala Thomas Piketty, economista francês, em seu livro *O capital no século XXI*, a fração daqueles que configuram o 0,01% mais rico do mundo difere daqueles que compõem a fração dos que constituem o 1% mais rico do mundo (PIKETTY, 2014), não apenas em volume de capital econômico, como assinala o autor, mas também em suas práticas, embora ambos pertençam à classe dominante.

Na fração correspondente ao 0,01% é possível verificar os bilionários detentores de enorme volume de capital adquirido pela lógica do capital financeiro, recursos advindos do capital improdutivo (investido em paraísos fiscais, em títulos de dívidas dos estados, em títulos de empresas produtivas, em papéis que compram papéis etc.). Na fração seguinte, correspondente ao 1% mais rico, para tanto, estão aqueles que constituem os bilionários advindos do setor produtivo com foco na indústria ou em grandes redes de serviços que atuam em escala mundial. Ambos constituem a classe dominante, porém, com diferenças quanto aos estilos de vida que precisam melhor ser testados empiricamente, de acordo com cada universo social em que estão situados.

Os membros da pequena burguesia situam-se ao lado da burguesia em termos de imitação ao estilo de vida da classe dominante. As suas práticas e representações se explicam pela vontade de ascensão social. Por não possuírem o mesmo volume de capital econômico da classe dominante, possuem, em certo sentido, heteronomia em relação ao capital cultural, dependem e investem em capital cultural para se posicionar e ocupar os melhores cargos e profissões no Estado e no mercado. Quase sempre procuram imitar culturalmente as práticas desenvolvidas pelos membros da classe dominante. Mesmo nessa classe, Bourdieu também percebe clivagens que permitem distinguir frações dentro da pequena burguesia.

As classes populares, por sua vez, são definidas pelo desprovimento do capital econômico e do capital cultural. Eis o motivo de Bourdieu perceber que as classes populares estão mais próximas dos valores de necessidades e de virilidade, fazendo, assim, uso do corpo em sua dimensão física. O trabalho relaciona-se ao uso da força física, o conhecido trabalho braçal. Claro que não há homogeneidade em nenhuma dessas classes sociais, mas, a partir de pesquisas empíricas, é possível mensurar valores que as unem, enquanto unidade grupal e práticas sociais que as distanciam enquanto classes que acumulam capitais e características, estilos de vida diferentes e diferenciadores que imprimem modos de atuar e operacionalizar no mundo social.

Para Bourdieu, dois capitais estruturam a sociedade contemporânea: capital econômico e capital cultural. O primeiro designa o conjunto de recursos englobando tanto o patrimônio material (terras, fábricas, automóveis, equipamentos, trabalho) como salários, rendas, poupanças e investimento em bolsas e aplicações, em seu sentido financeiro. O segundo se constitui de recursos correspondentes ao conjunto das qualificações intelectuais produzidas pelo sistema escolar e transmitido pela família. Além disso, o capital cultural pode ser compreendido em três estados: incorporado, objetivado e institucionalizado. Em seu estado incorporado, trata-se das disposições inscritas nos cérebros e nos corpos, necessita de tempo de socialização e de incorporação dos valores que são transmitidos pela família e pelas instituições como o espaço escolar. Diz respeito, por exemplo, à facilidade que alguém adquire para falar em público, posturas corporais, preferências estéticas, competências intelectuais etc. Em seu estado objetivado, diz respeito à posse de bens materiais condizentes com a cultura legítima da classe dominante. Para adquiri-lo é necessário, além de recursos econômicos, ter incorporado um gosto estético que possibilite apreciar e possuir livros, obras de arte, galerias de artes (quadros, pinturas) etc. Em seu estado institucionalizado, refere--se ao reconhecimento legitimado pelas instituições que se traduz em diplomas, certificados escolares, carteira de habilitação etc. (BOURDIEU, 1998a).

Tais capitais (econômico e cultural) estruturam as relações sociais da sociedade capitalista contemporânea. As classes dominantes no espaço social lutam não só para adquiri-los, mas também para mantê-los e transmiti-los. A luta por esses capitais se dá profundamente entre a fração dominante da classe dominante (a burguesia) e a fração dominada da classe dominante (os intelectuais) (BURAWOY, 2010, p. 36). No Brasil, essa luta se dá entre a classe dominante detentora do capital econômico e a classe média, e desta em relação às classes populares. A classe média captura o tempo livre da classe popular trocando-lhe por baixos salários e trabalhos precários na luta pela garantia do capital cultural legítimo. A classe média brasileira, em grande medida detentora do capital cultural legítimo, não é homogênea, constituindo-se de várias frações que vão da protofacista, liberal, expressivista à fração crítica (SOUZA, 2017, p. 174). É esta classe que, possuindo tempo livre para investir em capital cultural (línguas estrangeiras e cursos de formação superior) tem monopolizado a reprodução do capital cultural, inserindo seus herdeiros (advogados, juízes, economistas, administradores, contadores, publicitários, jornalistas etc.) nos quadros da burocracia e da alta burocracia estatal e do mercado.

Aqui se percebe uma das características centrais presentes na lógica dos capitais: a conversão.

Ao adquirir capital cultural, em seu estado incorporado e institucionalizado, converte-o em capital econômico. A classe média brasileira, ao investir em capital cultural, desde a socialização primária familiar e, posteriormente, sendo reconhecida e legitimada pelas escolas de formação, acessa os postos de trabalho, cargos de direção ou da alta burocracia estatal e do mercado, recebendo em troca os melhores salários nas instituições do Estado (Ministério Público, Judiciário, Legislativo, Executivo, Itamarati, empresas estatais a exemplo da Petrobras etc.) e do mercado (bolsas de valores, imprensa, multinacionais, Vale do Rio Doce, empresas de telecomunicações etc.).

Diante dessa configuração e concentração de capital, as universidades públicas (federais e estaduais) no Brasil, a partir, principalmente, dos cursos historicamente relacionados às elites (como direito, medicina e as engenharias), assumem importância ímpar na construção estratégica de reconversão de capitais que fazem parte das estratégias de reprodução da classe média na ocupação dos principais postos de trabalho no país.

A importância que o capital cultural assume nos trabalhos empíricos de Bourdieu decorre, em grande medida, das mudanças que, a partir da década de 1960, já se constatavam na França advindas do processo de industrialização e do desenvolvimento econômico. Com o processo de expansão das taxas de escolarização, conforme evidenciado por ele em seus trabalhos sobre o universo escolar na França, somado ao acesso aos níveis superiores de ensino, ao surgimento da indústria cultural e ao processo constante de massificação dos meios de comunicação, tudo isso possibilitou a configuração de novas demandas e o aparecimento de novas profissões.

A partir de uma economia das práticas dos bens simbólicos, Bourdieu destaca outros tipos de capitais, dentre eles: o capital social, o capital simbólico e o capital político. O capital social configura-se como "uma rede durável de relações mais ou menos institucionalizada de interconhecimento e inter-reconhecimento ou, em outros termos, à vinculação a um grupo, como um conjunto de agentes que não somente são dotados de propriedades comuns [...] mas, também, são unidos por ligações permanentes e úteis" (BOURDIEU, 1998b, p. 67). Esse conceito de capital social já está presente em seus trabalhos de pesquisa desenvolvidos na década de 1960, tendo como campo empírico a Argélia, nos quais pode constatar as redes de relações duráveis estabelecidas pelas relações sociais de alianças e casamentos, tendo, assim, a família como espaço fundamental para o acúmulo e transmissão do capital social (BOURDIEU, 2002).

O capital simbólico, por sua vez, configura-se para Bourdieu num capital denegado, desconhecido enquanto tal, mas que se apoia na crença e no reconhecimento. O capital simbólico é um capital que se sustenta, portanto, no conhecimento prático, na forma como as pessoas legitimam elementos de diferenciação dos indivíduos ou de uma classe; elementos que permitem legitimá-los enquanto tais. Bourdieu (1996b, p. 149) define capital simbólico como sendo

> qualquer tipo de capital (econômico, cultural, escolar ou social) percebido de acordo com as categorias de percepção, os princípios de visão, os sistemas de classificação, os esquemas classificatórios, os esquemas cognitivos, que são, em parte, produto da incorporação das estruturas objetivas do campo considerado, isto é, da estrutura de distribuição do capital no campo considerado.

É um capital que se realiza pelo olhar, pela fala do outro, em poucas palavras: por honra e reconhecimento. Todos os demais capitais tendem a funcionar como capital simbólico. O fato de desconhecer tal pressuposto é que torna o capital simbólico estritamente denegado, portanto, não conhecido enquanto força e poder legítimo de dominação. Ele se torna capital essencial na medida em que os agentes reconhecem no mundo social um conhecimento prático a partir de títulos, nomes e rituais de consagração que permitem reconhecê-los; ao tempo em que desconhecem enquanto capital e força o que torna eficaz as estratégias de reprodução e dominação.

Já o capital político é também "uma espécie de capital simbólico, crédito firmado na crença e no reconhecimento ou, mais, nas inúmeras operações de crédito pelas quais os agentes conferem a uma pessoa – ou a um objeto – os próprios poderes que eles lhes reconhecem" (BOURDIEU, 2001b, p. 187). Nesse sentido, o agente político retira sua força da coletividade do reconhecimento que o grupo lhe confere na condição de representante desse grupo. Esse capital se sustenta no investimento constante da crença, do acreditar, do fazer crer, sem que tal crença seja colocada em xeque. Ao perder a crença e o reconhecimento, desmorona-se a força do capital político, perde-se a capacidade de convencimento e de legitimidade. Deve-se sempre acumular o crédito e evitar o descrédito. O capital político é, para Bourdieu (2001b), um investimento realizado dentro do próprio campo político, mobilizado por meio de partidos, movimentos sociais, sindicatos e outras organizações coletivas.

Assim sendo, as espécies de capital político podem ser: capital pessoal de notoriedade e capital de popularidade. O capital de notoriedade se funda no reconhecimento por todos das práticas legítimas desenvolvidas pelo agente ao longo da história;

firma-se no fato de ser reconhecido na sua pessoa, pelo nome ou reputação, e por possuir qualificações específicas. O capital de "notoriedade pode ter sido acumulado em outros domínios, tais como profissões liberais, como advocacia, com um domínio profissional da eloquência" (BOURDIEU, 2001b, p. 190-191).

Nesse sentido, pode-se afirmar que a teoria dos capitais elaborada por Bourdieu está intimamente relacionada à economia geral das práticas e às lógicas de diferenciações presentes, de um modo geral, no espaço social e, de um modo particular, nos campos.

Na lição seguinte esboçaremos a relação entre corpo e cultura como uma tentativa de Bourdieu, a partir da teoria da prática, de superar a dicotomia corpo-mente presente na filosofia da consciência. Abordar-se-á como o corpo e a cultura assumem relevância no projeto sociológico de Pierre Bourdieu.

Sétima lição

Corpo e cultura

Os estudos de Pierre Bourdieu vão do parentesco, perpassando fotografia, arte, gosto estético, museu, família, economia, proletarização, trabalho, agricultura, política, neoliberalismo, aos estudos sobre esporte, mídia, religião, linguagem, educação, cultura e corpo. Há, portanto, uma multiplicidade de objetos sobre os quais se debruçou. Todos eles possuem um fio condutor, que é pensar o mundo social por meio de práticas sociais e culturais a partir de uma economia das trocas simbólicas. Tal abordagem tem permitido a construção de agendas de pesquisas nas mais variadas áreas do conhecimento. O diálogo realizado por Bourdieu entre uma pluralidade de teorias e técnicas de pesquisa possibilitou investigações em várias áreas do conhecimento, que vão da sociologia, antropologia, história, economia, ciência política, pedagogia, educação física, dentre outras.

Da mesma forma que os autores clássicos do pensamento sociológico (Marx, Weber e Durkheim) construíram epistemologias, teorias e conceitos capazes de explicar e compreender o mundo social, Bourdieu elaborou também sofisticada teoria, epistemologia e metodologia que possibilita analisar a complexidade do mundo contemporâneo. Nessa complexidade que se apresenta o mundo social, o pensador francês atribuiu relevância ao corpo como objeto de análise e de reflexão, bem como as práticas culturais e a educação. Com tal proposta, Pierre Bourdieu não excluiu os demais objetos que, à época, encontravam-se em evidência, a exemplo da economia e da política; ao contrário, estabeleceu relação entre eles e as múltiplas dimensões do mundo social para melhor entender as lógicas da dominação e da reprodução social.

A praxiologia é, portanto, elaborada a partir de três conceitos centrais: campo, *habitus* e capitais. Tais conceitos foram forjados na experiência empírico-teórica desenvolvida em seus trabalhos pioneiros na Argélia nas décadas de 1950 e 1960. Se, por meio do conceito de campo, Pierre Bourdieu pensou as estruturas objetivas constituidoras do espaço social, a partir do *habitus* o autor reconstruiu a incorporação das estruturas objetivas nos corpos dos agentes e em seus cérebros, levando em consideração as posições que os agentes ocupam no espaço da prática, de acordo com o *quantum* de capital adquirido ou herdado. Observa-se que o conceito de *habitus*, mediador da relação indivíduo e sociedade, agência e estrutura, fenomenologia e estruturalismo, subjetivismo e objetivismo, traz como central a noção de corpo.

O *habitus* permite entender como é confirmada a harmonia do *ethos* e do gosto. Em outras palavras, o conceito de *habitus*, por Bourdieu reelaborado, não pode ser compreendido sem o corpo socializado. O corpo transforma-se no principal operador prático das interações; um corpo socializado, habituado, adestrado. É pelo corpo que conheço o mundo; é por ele que estou no mundo. Bourdieu, ao atribuir tal centralidade ao corpo, distancia-se da perspectiva da filosofia da consciência e dialoga com Karl Marx, em certo sentido, ao perceber que "não é a consciência dos homens que determina o seu ser, mas, ao contrário, é o seu ser social que determina a sua consciência" (MARX, 1971). É o indivíduo pensado como ser histórico acrescido de um indivíduo que, em seu corpo e cérebro, traz a história incrustada. O indivíduo, nesse sentido, é um social incorporado. É a sociedade cravada no corpo do indivíduo, a partir da posição que ocupa no espaço social.

O *habitus*, como disposições incorporadas, é quem molda o corpo por meio das condições materiais e culturais. A estruturação das práticas não se realiza de maneira mecânica, imposta de fora para dentro sobre os agentes, mas, de forma dialética, na relação entre a posição do agente e as condições objetivas do mundo social. Pelo *habitus* se articula o individual e o coletivo numa síntese que se materializa no corpo. Através do *habitus* orientam-se as práticas e a maneira de ser no mundo. É o *habitus* enquanto princípio gerador de práticas distintas e distintivas que permite identificar as disposições corporais dos agentes no espaço social, ou seja,

> o que o operário come, e sobretudo sua maneira de comer, o esporte que pratica e sua maneira de praticá-lo, suas opiniões políticas e sua maneira de expressá-las, diferem sistematicamente do consumo ou das atividades correspondentes do empresário industrial; mas são também esquemas classificatórios, princípios de classificação, princípios de visão e de di--visão e gostos diferentes (BOURDIEU, 1996b, p. 22).

O modo de ser e a prática do operário e/ou do empresário industrial no mundo resultam do processo de socialização produzido pelas relações sociais. Ao incorporar valores, normas, esquemas cognitivos e sistemas de representação em seus corpos, os agentes tendem a funcionar como sistemas de visão, de di-visão e de percepções, orientando suas práticas; os corpos se transformam em linguagem, artefatos das práticas sociais e culturais sobre a qual se lê o mundo e se é lido. Sendo o corpo uma linguagem que carrega a história e as marcas da dominação, o capital cultural como conjunto de recursos que permite diferenciar os agentes no espaço da prática configura-se em um distintivo que se materializa nos corpos. Daí Bourdieu concebê-lo em três estados – incorporado, institucionalizado e objetivado. O estado incorporado é o que nos interessa nesta lição. Bourdieu destaca o estado incorporado do capital cultural como o estado fundamental. Isso porque, diferentemente dos outros dois estados, o capital cultural, em sua dimensão corporificada, pressupõe todo um trabalho de inculcação, de acumulação, que se realiza com o tempo e requer, por parte do agente, tempo em investimento. São disposições e predisposições duradouras que se fixam no corpo do agente e nos esquemas cognitivos passando a constituir posturas corporais, esquemas mentais, habilidades e competências linguísticas, dentre outras formas de ser e expressar o agente.

O corpo, conforme diz Bourdieu (2001a), está no mundo social, mas o mundo social está no corpo (sob forma de *hexis* e de *eidos*). O mundo social está presente nos cérebros e nos corpos dos agentes, nos esquemas cognitivos que empregam para compreendê-lo. Os agentes estabelecem uma relação *dóxica* na medida em que, pelo contexto no qual estão situados, constroem relações de pertencimento e de posse em que "o corpo possuído pela história se apropria de forma imediata das coisas habitadas pela mesma história; isto ocorre com o rei e sua corte, o patrão e sua empresa, o bispo e sua diocese, e todos os demais agentes do mundo social" (BOURDIEU, 2001a, p. 185). O corpo, por assim dizer, estabelece o princípio da compreensão prática que não é o princípio da consciência conhecedora, mas "o sentido prático do *habitus* habitado pelo mundo que habita" (BOURDIEU, 2001a, p. 173).

Na *hexis* corporal, assinala Bourdieu, estão escritas as posturas e as disposições, ou seja, a partir da *hexis* corporal é possível identificar os processos de dominação e a posição de classe do agente, posto que expressa maneiras de agir, sentir e pensar. Aqui reside a compreensão de que a cultura como elemento simbólico da vida social, constituída por representações, valores morais e normas que instituem e organizam a sociedade, não se encontra como ente metafísico ou mesmo acima dos agentes, funcionando como estrutura estruturada, deslocada dos corpos dos agentes; ao contrário, a cultura, em seus aspectos simbólicos, é internalizada nos corpos, constituindo-se em ações dos próprios indivíduos (estruturas estruturantes). Para Bourdieu o corpo socializado, e não o corpo biologizado, é um meio de conhecimento graças aos sentidos e ao cérebro, que permitem uma compreensão prática do mundo.

A cultura é, nos corpos e cérebros dos agentes, o que permite a elaboração das significações do mundo social e os possíveis sentidos, as matrizes de percepções pelas quais os agentes agem no mundo. Isso ocorre tendo em vista a posição que o agente ocupa no espaço social. Essa posição é sempre uma posição em situação de classe. Observa-se assim que a cultura, para Bourdieu, não pode ser compreendida deslocada dos agentes e dos seus corpos, em condição de corpos situados em um campo de força perpassado por interesses e clivagens de classes. A cultura, enquanto universo simbólico, é objetivada em práticas que se relacionam às posições de classes dos agentes em suas condições materiais de existência.

Essa concepção de cultura permitiu a Pierre Bourdieu construir uma sociologia da cultura capaz de explicar os estilos de vida e os gostos das classes sociais. As classes sociais, nesse sentido, passam a ser definidas pelas relações que estabelecem com os elementos simbólicos e materiais da vida social a partir do acúmulo de capitais: econômico e cultural. O gosto, por assim dizer, deixa de ser algo inato e passa a ser explicado como algo produzido socialmente. O gosto passa a ser compreendido como produto do mundo social, gosto de classe. As capacidades de produzir, consumir, admirar e apreciar os bens culturais não correspondem, portanto, a predisposições inatas; ao contrário, constroem-se através de um longo processo de inculcação e incorporação que se realiza ao longo da vida do agente por meio de processos de aprendizagens em que a família e a escola assumem centralidade.

Ao relacionar a cultura à lógica das distinções das classes sociais, Bourdieu a concebe não somente como elemento simbólico de comunicação, mas também como elemento que possibilita processos de diferenciações e distinções, promovendo hierarquias culturais por ser constituído das hierarquias sociais, fundadas nas relações de poder. A cultura, assim, é pensada como mecanismo que constrói processos de hierarquização, tendo em vista que as práticas culturais são classificadas nos domínios dos menos legítimos e dos mais legítimos. A legitimidade das práticas culturais é conferida pelo valor que as classes sociais lhes conferem. A burguesia, por ser a classe dominante, dispõe do poder de definir as obras e as práticas culturais legítimas. É esta classe que define o gosto legítimo ou aquilo que afirmamos como o "bom" gosto. A cultura legítima, nesse sentido, nada mais é que a cultura da classe dominante, a cultura da classe que detém o maior *quantum* de capital econômico e cultural. A classe dominante é, segundo Bourdieu, a que ocupa as posições de topo no espaço social, ocupação decorrente do volume e da estrutura de capitais que acumula no espaço social.

Assim, a aquisição de uma competência cultural se dá fundamentalmente por meio de duas instituições: família e escola. O investimento em capital cultural, em seu modo incorporado, é essencial para o sucesso escolar. Desde a tenra infância os agentes apreendem pelo corpo (processo de socialização familiar) os esquemas de classificação do mundo social. A origem social torna-se fundamental para compreender o acesso desigual aos bens culturais e socialmente produzidos. Adquirem-se de maneira inconsciente o código (a língua, por exemplo), além do discurso, por imersão precoce no entorno cultivado; o agente aprende pelo meio em que está inserido o todo que está sendo cultivado. Isto é válido para o agente pertencente a qualquer classe social. A diferença é que, enquanto os pertencentes às classes dominantes incorporam – como se natural fosse – o código legítimo da língua normativa, os pertencentes e posicionados nas classes populares incorporam – como se natural fosse – o código linguístico não legítimo.

A inserção no sistema de ensino exigirá, portanto, habilidades e competências vinculadas ao domínio legítimo da língua. Com os saberes, valores e o código linguístico arraigados aos corpos, trazidos pela socialização familiar, aqueles que pertencem às classes populares terão que "abandoná-los" e incorporar a aprendizagem do código legítimo da língua, algo que os que pertencem às classes dominantes não precisam fazer. A escola exige o código legítimo dominante. Essa diferença de origem é fundamental para pensar as desigualdades escolares, haja vista que não se transforma cultura incorporada pelo ato de vontade; precisa-se de tempo e investimento prático.

Esse capital cultural transmitido pela família e incorporado pelo agente, somado ao capital cultural que se adquire no espaço escolar, é o que vai garantir, muito provavelmente, o sucesso ou o fracasso escolar e a inserção no mundo do trabalho, bem como orientar as escolhas profissionais. A classe dominante, detentora de elevado capital econômico e cultural, encontra-se em proximidade com o capital escolar. Ela está bem posicionada no espaço social, sendo a responsável pela elaboração do gosto legítimo. O exercício sutil da dominação simbólica deixa transparecer que capacidades e competências adquiridas no espaço familiar e na escola, bem como em outras instituições, são inerentes aos agentes como um dado natural, ocultando a distribuição desigual dos capitais (cultural, econômico e social) entre as classes e as frações de classes, comportando-se como recursos existentes e acumulados que constituem e fundamentam a distinção.

O que Bourdieu realiza por meio de uma teoria da legitimidade cultural é uma sofisticada análise sobre as classes sociais, relacionando gosto estético e capital econômico, ou melhor, uma economia das trocas simbólicas com base em uma economia das trocas materiais; relaciona cultura e economia como elementos constituidores dos processos de diferenciação e de reprodução das desigualdades nas sociedades contemporâneas. Toda essa empreitada se dá por meio de rigoroso e sofisticado investimento em pesquisa com vasto material empírico. Desta feita, constata como as escolhas culturais dos agentes, de acordo com a posição de classe social em que estão situados, estão diretamente relacionadas às práticas culturais (alimentação, linguagem, gostos musicais, escolhas de decoração, maneira de se vestir, práticas esportivas, dentre outras). O gosto, portanto, torna-se resultante das diferenças de origem e de oportunidades sociais.

Na oitava lição ver-se-á como Bourdieu aborda o fenômeno do Estado, do poder e da violência simbólica.

Oitava lição
Estado, poder e violência simbólica

O mundo social se apresenta de forma multifacetada e confusa aos nossos olhos. O mundo social, diz Bourdieu, "é um artefato histórico, um produto da história esquecido em sua gênese, em favor da amnésia da gênese que toca todas as criações sociais" (2014, p. 250). Compreendê-lo requer esforço, perspicácia e uma variedade de técnicas e métodos que permitam promover a ruptura com o conhecimento *dóxico*, acessando a gênese e construção das práticas que nele se operacionalizam e se constroem.

A primeira coisa a se fazer, quando se trata de buscar compreender o mundo social, é esclarecer como se constituem as hierarquias sociais e valorativas, bem como as questões relacionadas ao fenômeno da concentração e da distribuição desiguais do poder. A sociologia, assim, assume uma importância ímpar como ciência que investiga a eficácia das relações do poder simbólico e seus efeitos de dissimulação. O poder simbólico, segundo Bourdieu, instaura-se na perspectiva da economia das trocas simbólicas como estruturante de uma ordem social, mantendo relação com a lógica dos capitais, da violência e da dominação simbólica.

A sociologia por Bourdieu construída é, antes de tudo, uma sociologia política. Não falo em uma sociologia da política, mas, sim, de uma sociologia política. Uma ciência voltada para uma multiplicidade de objetos que tem, no Estado, o legítimo poder de nomear e de reconhecer, perante a legalidade, as demais instituições refletidas e pensadas a partir das lógicas desiguais de acesso, acumulação e distribuição no mundo social. O poder simbólico, a violência simbólica e a dominação simbólica tornam-se conceitos centrais na sociologia política do autor. O poder simbólico, segundo Bourdieu, é pensado "enquanto poder de construção da realidade que tende a estabelecer uma ordem, um sentido imediato do mundo social" (2001b, p. 9). O simbólico, nesse sentido, pode ser entendido como aquilo que não está explícito, mas que constitui uma estrutura operante na formação das disposições dos agentes.

O poder simbólico como poder capaz de construir o dado pela "enunciação, de fazer ver e fazer crer, de confirmar ou de transformar a visão do mundo e, desse modo, a ação sobre o mundo, portanto o mundo" (BOURDIEU, 2001b, p. 14), torna-se eficaz quanto mais desconhecido for. Ou seja, quanto mais se desconhecem os mecanismos de funcionamento, mais se reconhece o poder simbólico. Ele se enraíza no corpo através das estruturas de dominação construídas social e historicamente. É, portanto, um "poder invisível que se exerce pela cumplicidade daqueles que não querem saber que lhe estão sujeitos ou mesmo que o exercem" (BOURDIEU, 2001b, p. 7-8).

A análise sobre a dimensão simbólica e material do poder conduz Bourdieu a percebê-lo como um mecanismo sutil – visto que é ignorado –, porém eficaz, no exercício da dominação em todo o mundo social, por meio de um arcabouço prático da constituição da violência simbólica. Esta, nesse sentido, dá-se exatamente por não ser conhecida enquanto tal. O não reconhecimento pelas pessoas de práticas como o machismo, historicamente construídas e naturalizadas nos corpos, levam-nas à cumplicidade quase que secreta entre dominadores e dominados. A abordagem realizada por Bourdieu configura-se em uma análise materialista da ordem simbólica. O pensador francês não exclui a ordem material da ordem simbólica, a dimensão cultural da dimensão econômica, a economia das trocas simbólicas da economia material.

O poder simbólico, por meio dos sistemas simbólicos – língua, arte, religião –, constrói a realidade a partir de uma ordem gnoseológica. Ordem de conhecimento fundada na *doxa* que possibilita a construção homogênea e o sentido do mundo, tornando possível a concordância entre os agentes. Os símbolos, por assim dizer, como instrumentos de comunicação e de poder – logo, de integração social –, possibilitam a construção do consenso (em comunidades linguística, artística, religiosa) acerca dos sentidos e representações, reafirmando a reprodução da ordem social. Com isso, Bourdieu nos ensina que para que os dominados obedeçam e uma ordem social seja mantida, necessita-se da força e de relações de sentido e comunicação.

Com essa perspectiva de abordagem sobre o fenômeno do poder, Bourdieu constrói uma sociologia política em que poder e cultura tornam-se objetos centrais das pesquisas e das reflexões por ele realizadas. A sua análise sobre o Estado possibilita explicá-lo como a instituição, por excelência, que concentra violência física e violência simbólica legítimas. Trata-se de um empreendimento científico em que o Estado, na sua dimensão simbólica e material, configura-se como instituição moderna que concentra diversos tipos de capitais, constituindo, assim, o que ele denomina de metacapital (capital da coerção física – força militar e policial –, capital econômico, informacional, político e simbólico) e metacampo, com capacidade de regular todos os demais campos (educacional, econômico, político, cultural) impondo-lhes regras de funcionamento de forma impessoal e simbólica. O Estado, nesse sentido, afirma Bourdieu, é o nome que atribuímos "aos princípios ocultos, invisíveis – para designar uma espécie de *deus absconditus* – da ordem social" (2014, p. 34).

Como um *deus absconditus*, o Estado, através dos agentes que ocupam os postos dominantes dentro do campo do poder, tem o poder legítimo de modificar e criar as leis e os códigos, de elevar ou baixar alíquotas de impostos, de definir se o ensino deve ser público ou privado, de definir recursos e disponibilizar créditos para investimento e, por conseguinte, aquecer o setor imobiliário com programas e linhas de crédito voltados para habitação. É essa instituição moderna, portanto, que teve e tem o poder de criar a ideologia do serviço público e do bem público (BOURDIEU, 2014, p. 32) e, por conseguinte, a ideologia do mérito, na qual o acesso aos bens públicos se dá de forma "igualitária", escondendo as origens sociais desiguais dos agentes e de suas trajetórias familiares.

A própria nobreza estatal (Judiciário, Legislativo e Executivo) se configura, segundo Bourdieu, em uma nova forma privilegiada das elites de ocuparem as principais instâncias de poder fundamentada na ideologia do mérito, transformando "privilégios socialmente condicionados em méritos, dons e talentos individuais" (BOURDIEU & PASSERON, 2014, p. 9). Quase sempre os principais postos do Estado, preenchidos pela via do concurso, são ocupados por agentes que tiveram acesso às melhores escolas de formação, bem como tempo livre e condições materiais para investir em capital cultural incorporado. Algo que, muitas vezes, é negado àqueles que são oriundos das classes populares, uma vez que necessitam dividir o tempo entre o mundo do trabalho e a atividade escolar, restando-lhes pouco tempo livre para investimento em capital cultural.

A ideologia do mérito desconhece ou, pelo menos, afasta do conhecimento da maioria das pessoas a origem social dos indivíduos, tratando-os como iguais no universo escolar, independentemente de suas trajetórias familiares. O Estado, como instituição de maior concentração de violência simbólica, transmite a todos os agentes o entendimento de que as regras e os contratos estabelecidos entre os indivíduos são regidos pelos princípios da neutralidade e da igualdade perante a lei. O sistema de ensino, por ele regulado e controlado, assume papel extremamente importante no que tange à produção e à imposição de categorias de pensamento e formas de classificação social. O sistema de ensino enquanto imposição de um arbítrio cultural se constitui também, para as classes populares, como uma violência simbólica. Digo isso porque, na condição de sistema que se impõe e é imposto, emerge de um poder que nasce de uma relação de força que lhe é favorável. Trata-se de um poder arbitrário que impõe um conteúdo que se traduz em crenças, normas, comportamentos, cultura, que é resultado de seleção.

Em relação ao Estado, Bourdieu ainda destaca que ele contribui tanto para produzir hierarquias como para criar princípios de hierarquização, tais como: os quadros sociais de memória, os sistemas de valores, a hierarquia das disciplinas, dos gêneros, dentre outras (BOURDIEU, 2014, p. 249). O Estado, nesse sentido, existe enquanto instituição capaz de impor princípios de visão e de di-visão, formas simbólicas e princípios de classificação capazes de produzir um mundo social ordenado, sem que, para tal feito, necessite constantemente estar dando ordens. A ordem simbólica, enquanto ordem invisível, perpassa todas as dimensões da vida social. O Estado é a instância que constitui o mundo social, segundo certas estruturas que se traduzem na estruturação do tempo, do orçamento, da nossa vida e do nosso pensamento.

O Estado, nesse sentido, não pode ser compreendido como um todo unitário. Nele se condensam forças que estão relacionadas à distribuição dos capitais econômico e cultural. Bourdieu constatou, no caso francês, que as funções de bem-estar social (educação, assistência social e cortes de menor nível) estão relacionadas àqueles que acumulam o capital cultural, enquanto o Ministério das Finanças, a Escola Nacional de Administração e os gabinetes ministeriais estão relacionados ao capital econômico. Nesse sentido, as funções voltadas para o bem-estar social estão para a "nobreza menor do Estado", assim como o lado financeiro está para "a nobreza maior do Estado" (SWARTZ, 2017, p. 92).

A sociologia política elaborada por Bourdieu coloca no centro da análise algo que perpassa toda sua obra, que é o desmascaramento da dominação, sobretudo da dominação simbólica – dominação que não é reconhecida como tal. A submissão à dominação, por assim dizer, à luz da análise por ele desenvolvida, "não é uma questão de consciência; seria antes uma questão de crença, uma questão de *habitus* – aquelas disposições e apreciações profundamente inculcadas e inacessíveis à consciência" (BURAWOY, 2010, p. 66). A sociologia política, ao trazer como objeto o Estado moderno, em sua forma legítima de violência física e simbólica, direciona a análise para as classes, buscando desmascarar os processos pelos quais se instauram a dominação simbólica entre aqueles que concentram os capitais e os desprovidos de tais recursos.

Na nona lição esboçar-se-ão os conceitos de jogo, estratégia e senso prático.

Nona lição

Jogo, estratégia e senso prático

Para pensar a prática social dos agentes no mundo, Bourdieu recorre a conceitos e metáforas que explicam a lógica das ações construídas pelos agentes no espaço social. A metáfora do jogo, os conceitos de estratégia e de senso prático tornam-se fundamentais. Embora concorde com a primazia das estruturas objetivas na explicação do mundo social, Bourdieu não se conforma em conceber a ação dos agentes como resultado de obediência à regra ou a princípios exteriores aos indivíduos. É por essa discordância com o estruturalismo que o sociólogo francês – embora recuperando a importância das estruturas objetivas, observando que elas permitem realizar a ruptura do saber imediato, um dos critérios principais para a construção do saber científico sociológico – fará uso da metáfora do jogo e dos conceitos de estratégia e de senso prático como capazes de dar conta da lógica prática, quando associada aos demais conceitos do lastro da sua epistemologia, tais como *habitus* e *hexis* corporal, dentre outros.

Ao se utilizar do conceito de estratégia, Bourdieu está se contrapondo à noção de regra utilizada pelos estruturalistas. Se para os estruturalistas, a exemplo de Lévi-Strauss, a ação dos agentes está relacionada à obediência exclusiva à regra (quer seja codificada em lei ou não), ao agente reduzido ao papel de suporte da estrutura (BOURDIEU, 2001b, p. 61), o sociólogo irá compreender a ação como fruto da relação dialética entre a posição e as disposições internalizadas pelo agente no mundo social. A ação é, portanto, fruto do *habitus*, compreendido como um princípio organizador das práticas. Com tal abordagem, Pierre Bourdieu reintroduz o agente – ausente na abordagem estruturalista –, reinserindo-o na história e situando-o nas redes sociais de poder que constituem o espaço social.

Recusando-se a dar explicação sobre a essência da ação humana, por discordar do modo escolástico de pensar a prática, mas tentando compreender uma variedade de objetos empíricos produzidos, reproduzidos e transformados pelos agentes em uma diversidade de práticas que constroem o mundo social, Bourdieu, ao se utilizar da metáfora do jogo – presente no paradigma da linguagem do filósofo austríaco Ludwig Wittgenstein[1] –, buscará compreender a ação dos agentes no mundo social. Pretende assim mostrar a vitalidade do mundo social, ou melhor, quer demonstrar que os agentes não executam regras de forma mecânica, mas que orientam suas ações em relação aos outros em determinado espaço social, de acordo com o sentido do jogo. A relação que o agente constrói com o mundo social se dá por meio de "uma cumplicidade ontológica, uma relação de pertencimento e de posse, em que o corpo apropriado pela história se apropria, de maneira absoluta e imediata, das coisas habitadas por essa história" (BOURDIEU, 2001b, p. 83).

Os indivíduos em sociedades, afirma Bourdieu (2001b), estão situados e posicionados em campos de força e de luta. Os agentes, ao incorporar a lógica do espaço através do *habitus*, competem, concorrem e lutam por capitais (recursos escassos) que estruturam o espaço no qual estão inseridos. Assim, cada campo (educacional, político, econômico, artístico, científico, jurídico, dentre outros)

---

1. A construção do filósofo Ludwig Wittgenstein, contida em seu livro *Investigações filosóficas*, de pensar a linguagem e a construção do mundo a partir dos "jogos de linguagem", relacionando-os às "formas de vida", permitiu a Bourdieu realizar uma leitura do campo a partir da metáfora do "jogo", bem como aprofundar a perspectiva de distanciamento das abordagens intelectualistas ou escolásticas.

funciona como um jogo específico, orientado por regras próprias, relacionando-se com o metacampo que é o Estado. O agente, no espaço da prática, luta para manter sua posição no jogo. A luta se dá em torno do capital específico. No campo econômico, por exemplo, a luta se dá por dinheiro ou algo que signifique ganho econômico. Os agentes do campo econômico jogam o mesmo jogo e lutam pelo mesmo objetivo em torno do capital econômico, bem como incorporam disposições para o cálculo, a antecipação, o acúmulo, a poupança, o investimento monetário. Em qualquer outro campo iriam jogar e, por conseguinte, lutar pelo capital específico correspondente àquele campo.

Diante disso, pode-se se falar que, para Bourdieu, ninguém pode lucrar com o jogo, nem mesmo os que estão situados no polo dominante do campo, caso resolva não se envolver no jogo, sem se deixar levar por ele. Assim, "não haveria jogo sem a crença nele e sem as vontades, as aspirações que dão vida aos jogadores e que, sendo produzidos pelo jogo, dependem da sua posição no jogo e, mais exatamente, do seu poder sobre os títulos objetivados do capital específico" (BOURDIEU, 2001b, p. 87).

Ao se utilizar da metáfora do jogo, Bourdieu se distancia tanto do estruturalismo, em termos de uma abordagem sobre a prática, como das perspectivas que tornam o "interesse econômico" sendo apenas interesse universal nas sociedades capitalistas e, nesse sentido, o interesse que perpassa por todos os campos. Com a metáfora do jogo, Bourdieu critica as perspectivas que colocam no centro o *homo economicus* e o interesse racional como sendo interesse universal.

Os agentes se envolvem no jogo, estão no jogo e levam-no a sério porque internalizam em seus corpos, através do *habitus*, as regras do campo no qual realizam suas ações e veem o sentido do jogo; seu interesse é específico, com investimentos específicos e uma *illusio* específica. Os agentes jogam de acordo com o sentido, movidos pelo interesse específico. Os agentes não agem de forma consciente no sentido de que realizam um cálculo para jogar. O jogo existe pelo sentido do próprio jogo. E este sentido permite o ajustamento entre as estruturas objetivas e os esquemas cognitivos. Dito de outra forma: os agentes, ao incorporarem o mundo externo, ajustando-o ao *habitus*, à cultura tornada corpo, agem no mundo social sem que, necessariamente, estejam calculando suas ações. É como alguém que há muito tempo aprendeu a dirigir. O seu corpo já internalizou a própria dinâmica prática da ação de dirigir. Ele não pensa mais (no sentido da calculabilidade) em como passar as marchas ou mesmo como vai frear o automóvel que está conduzindo, ou como ligar uma seta para entrar à direita ou à esquerda. O seu corpo internalizou a dinâmica de funcionamento do ato de conduzir o automóvel. O ato de dirigir está internalizado em seu corpo. Tal saber possibilita ao indivíduo agir de acordo com o sentido do jogo, sem que, necessariamente, precise realizar uma reflexão sobre seus atos, ou seja, uma reflexão sobre como deve conduzir o câmbio para a passagem da marcha correta, de acordo com a velocidade em que se encontra o automóvel.

O *habitus*, diante desse exemplo, permite que a ação seja resultado da internalização das normas, valores e representações exteriores no corpo. O *habitus* permite a constituição dos esquemas cognitivos, formando a matriz de percepção e de ação do agente. O corpo socializado, nesse sentido, torna-se princípio fundante das condutas. Em uma frase: "aprendemos pelo corpo" (BOURDIEU, 2001a, p. 172).

Os agentes no mundo social investem no sentido do jogo ao reconhecerem as regras do campo e internalizá-las em seu corpo e cérebro. Não se trata de um ato de consciência, de um conhecimento calculado, mas, antes, de um reconhecimento a partir do sentido prático do jogo. É o senso prático, operacionalizado por uma lógica da prática, que orienta o agir e não um cálculo racional, consciente. O senso prático é o senso de orienta-ação, é o senso do jogo, é o senso que permite aos agentes se adaptarem a uma infinidade de situações sem que, para isso, necessitem seguir explicitamente uma norma ou uma regra, mas também, nem por isso, permite ao agente agir livremente seguindo a sua consciência, como sugere a teoria do ator racional. O senso prático, que é construído de acordo com o sentido do jogo e que permite aos agentes jogarem pautando-se na crença do jogo, no envolvimento e no empenho em busca de recursos simbólicos ou materiais, não pode ser entendido sem o *habitus* e a estratégia. O *habitus*, como princípio gerador da ação e das percepções dos agentes, está na origem da capacidade do desenvolvimento das estratégias que estão vinculadas à margem das improvisações em face das disposições. Nesse sentido, Bourdieu (2001a, p. 169) afirma que

> uma das funções principais da noção de *habitus* consiste em descartar dois erros complementares cujo princípio é a visão escolástica: de um lado, o mecanicismo segundo o qual a ação constitui o efeito mecânico da coerção de causas externas; de outro, o finalismo segundo o qual, sobretudo por conta da teoria da ação racional, o agente atua de maneira livre, consciente e, como dizem alguns utilitaristas, *with full understanding*, sendo a ação o produto de um cálculo de chances e dos ganhos.

O agente, de acordo com Bourdieu, não é tão livre como entende a teoria do ator racional, porém, não age executando uma regra. O agente age de acordo com o senso prático, pois "é o que permite agir de maneira adequada (*ôs dei*, dizia Aristóteles) sem interpor ou executar um 'é preciso', uma regra de conduta" (BOURDIEU, 2001a, p. 169). Assim, pertencer a esse universo social de práticas, de lutas e de forças é compartilhar da mesma *illusio*, ou seja, da crença fundamental em seu interesse.

Quando Pierre Bourdieu afirma que o agente no campo compartilha da mesma *illusio*, ele está dizendo que existe um conjunto de expectativas, um sistema de princípios de classificação, de disposições que se adequam e se ajustam às regularidades de um espaço de práticas, sem que, necessariamente, venham a ser produto e resultado das regras. Em outros termos: o *habitus* é moldado por essas regularidades, tendo em vista que é fruto de todo um processo histórico de incorporação que possibilita a construção de disposições que traduzem um sentido e o domínio prático do campo em que está jogando. O saber prático, desenvolvido a partir do sentido do jogo, favorece antecipações e estratégias por parte dos agentes que lhes permitem agir e investir no próprio jogo. Tal saber não é originário da consciência, de um conhecimento refletido, calculado, planejado, ou mesmo racionalizado instrumentalmente, mas, sim, da ação, da rotina, da prática que realizamos de forma repetida.

Com o conceito de jogo/*illusio* Bourdieu se contrapõe à teoria da escolha racional, a qual busca universalizar a explicação acerca das práticas dos agentes, tendo como princípio a racionalidade e a maximização de interesses com vistas a um ganho econômico. É como se houvesse, por parte dos adeptos da teoria da escolha racional, a substituição da experiência do agente nativo pela experiência do agente cientista[2]. Este, ao generalizar o caso bastante particular da atividade econômica, desconhece o universo social onde se operacionalizam as demais práticas, movido pelo desejo de estender intenções racionais às condutas humanas.

A estratégia de investigação construída por Bourdieu possibilitou não somente pensar a lógica da prática, mas reconstruí-la em contextos que lhe servem de fundamento e lhe conferem sentido, a partir de uma vasta agenda de pesquisa e aprofundamentos teóricos que permitiram investigar uma multiplicidade de objetos (moda, direito, arte, ciência, religião, desemprego, literatura, economia, classes sociais, política, esporte, educação, camponeses, mídia, televisão, gênero, dentre outros) utilizando-se de diferentes procedimentos metodológicos (descrição etnográfica, modelos estatísticos,

---

[2]. Bourdieu se refere a John Elster, um dos principais pensadores da teoria da ação racional (BOURDIEU, 2001a, p. 170).

entrevista em profundidade, enquetes, análise do discurso, dentre outros).

Na décima lição abordar-se-á a sociologia como esporte de combate a partir da perspectiva política desenvolvida por Bourdieu em sua proposta de praxiologia.

Décima lição

Sociologia como esporte de combate

O título atribuído a esta lição se refere ao documentário *La sociologie est un sport de combat*, dirigido por Pierre Carles e lançado na França em 2001[3]. Trata-se de um texto visual, que cobre o período entre 1998 e 2001, das atividades profissionais desenvolvidas por Pierre Bourdieu. O documentário possibilita a imagem de um intelectual sempre pronto para o combate, para levar suas ideias aos mais diferentes públicos e construir conhecimento a partir do diálogo, do contraste (CARLES, 2001). Bourdieu sabia que a construção do mundo social perpassa também a elaboração discursiva do mundo. Ao falar sobre o mundo não estamos apenas anunciando o mundo, mas também o construindo.

---

3. Cf. o filme produzido por CARLES, Pierre (2001): *La sociologie est un sport de combat*. Documentário sobre Pierre Bourdieu (2h26min, classificação 12 anos). Disponível em: <https://www.youtube.com/watch?v=41W3RapeK5Q> Acesso em: 20 mar. 2018.

Desde os primeiros trabalhos de Pierre Bourdieu na Argélia – conforme destacado na primeira lição –, percorrendo as pesquisas da década de 1980, e, em suas últimas reflexões, os escritos dos anos de 1990 e 2000 sobre o Estado, a mídia e o neoliberalismo, o desmascaramento da dominação e a denúncia acerca da lógica de reprodução das desigualdades se tornam centrais no projeto sociológico bourdieusiano. O sociólogo passa não apenas a produzir conhecimentos, mas, também, a disseminar o conhecimento produzido. Isso se dará por intermédio de revistas e pela produção coletiva de livros, a exemplo de um dos seus últimos escritos, *La misère du monde*. Trata de obra coletiva concebida por Bourdieu explicitamente como intervenção no campo político. A proposta deste livro foi dar voz através das entrevistas àqueles que não são ouvidos no espaço público, àqueles que só são ouvidos pelos filtros deformadores da mídia ou dos levantamentos estatísticos (BOURDIEU, 1997). Utilizando-se de ferramentas metodológicas como as entrevistas, os pesquisadores envolvidos no projeto evidenciaram, a partir dos próprios agentes entrevistados, "os sofrimentos socialmente engendrados pelo neoliberalismo, sofrimentos, muitas vezes, inaudíveis e invisíveis aos dirigentes políticos" (CHAMPAGNE, 2017, p. 271).

A disseminação do conhecimento e a organização de meios de divulgação da produção se tornam um dos marcos do pensamento de Pierre Bourdieu. Uma das revistas que o sociólogo francês dirigiu foi *Actes de la Recherche em Sciences Sociales* (*ARSS*). Essa revista permitiu a consolidação de um grupo de trabalho de natureza interdisciplinar produzindo pesquisas que permitiram desnacionalizar a ciência social. Por conta da *ARSS* Bourdieu manteve "profícuo diálogo com intelectuais estrangeiros de primeira linha – Howard Becker, Aaron Cicourel, Robert Darnton, Norbert Elias, Erving Goffman, Eric Hobsbawm, Carlo Ginzburg, Gershom Scholem, Joan Scott, Carl Schorske, Raymond Williams, além dos colaboradores franceses Robert Castel, Luc Boltanski, Patrick Champagne, Abdelmalek Sayad, Jean-Claude Chamboredon, Louis Pinto, Gisèle Sapiro, Michael Pollack, Loïc Wacquant, Roger Chartier, Bruno Latour, dentre outros (CATANI, 2017, p. 25-26). Bourdieu ainda encarregou-se de organizar, além desses trabalhos coletivos, outras iniciativas editoriais, a exemplo de uma série de livros mais engajados e militantes que resultou na coleção *Raison d'Agir*. Em seus últimos anos, conforme destaca Burawoy (2010, p. 56), Bourdieu "tentaria organizar o 'intelectual coletivo' – empreendimento que transcenderia as fronteiras nacionais e disciplinares", colocando em diálogo, conforme apontado anteriormente, as mentes mais progressistas para a reconstrução do debate público.

A criticidade da sua sociologia submete à crítica não apenas os objetos externos à produção do conhecimento, mas tudo que existe no mundo social. A ciência, a linguagem, o Estado e uma multiplicidade de objetos são colocados ao crivo da análise crítica. A ciência sociológica e o trabalho do sociólogo também são submetidos à constante reflexividade. As contribuições teóricas de Pierre Bourdieu são caracterizadas por sua atitude crítica perante as próprias tradições de pensamentos. Ele não foi um pensador que se filiou a uma linha de pensamento ou produção científica de forma a tomá-la como impassível de crítica.

Com esse espírito, Bourdieu retoma os clássicos e extrai os elementos relevantes para a compreensão e a explicação do mundo social. Com base nos clássicos das Ciências Sociais (Marx, Weber, Durkheim, Comte, Lévi-Strauss, dentre outros) e na tradição do pensamento filosófico (Aristóteles, Pascal, Leibniz, Hegel, Heidegger, Merleau-Ponty, Bachelard, Wittgenstein, Pierce, dentre outros), propõe uma abordagem que, embora sustentada na tradição, não se torna possível rotulá-la ou enquadrá-la como "aristotélica", "hegeliana", "marxista", "durkheimiana" ou "weberiana". Seu projeto reflexivo ultrapassa os limites do rótulo, pois consegue construir uma proposta sociológica que mantém um frutífero debate com a tradição, sem deixar de elaborar uma nova epistemologia, o que o torna um pensador original no *campo* das Ciências Sociais.

É recuperando as contribuições e destacando os limites das abordagens antes mencionadas acerca do mundo social que Bourdieu constrói e demarca seu espaço no *campo* intelectual francês propondo, em sentido epistemológico, uma sociologia de síntese, com vistas a superar os antagonismos presentes nas construções sociológicas clássicas e contemporâneas – tais como: subjetivismo *x* objetivismo, individualismo *x* holismo, indivíduo *x* sociedade, ação *x* estrutura –, e uma sociologia engajada, em seu sentido político, que pense as práticas dos agentes com vistas a tornar públicos os mecanismos de dominação simbólica e mascaramento da realidade do mundo social. Para isso, e utilizando-me aqui da terminologia empreendida por Burawoy (2010), Bourdieu realiza uma sociologia pública. Ou seja, uma sociologia que ultrapasse a produção do conhecimento instrumental, produzindo um conhecimento crítico capaz de ultrapassar os espaços universitários e servindo-se, assim, de ações que visem públicos para além da academia.

Essa perspectiva política do pensar e do agir dos cientistas proposta por Bourdieu realiza uma profunda crítica aos cientistas sociais considerados servos do poder e aos especialistas que vivem a serviço das elites – cientistas que vivem a produzir conhecimentos sociológicos apenas para políticas públicas (BURAWOY, 2010, p. 39). Isto é, agentes que se voltam à produção de um saber instrumentalizado, profissional, voltado para as políticas públicas, sem ter o mínimo de vigilância sobre sua produção em termos de conhecimento reflexivo. Michael Burawoy (2010, p. 43), em um dos seus textos referindo-se a Bourdieu, afirma que

> a luta pela sociologia pública é a luta por um capital simbólico alternativo, o qual nós poderíamos denominar *capital cívico – o reconhecimento* conferido pelos públicos, quer sejam eles estudantes que reconhecem professores, jornais que reconhecem colunistas, leitores leigos que reconhecem trabalhos de sociologia, movimentos operários que reconhecem a análise das estratégias corporativas etc. A afirmação do capital científico-acadêmico em nome apenas da sociologia profissional é a tentativa de deslegitimar a sociologia pública como uma sociologia inferior.

A luta pela sociologia dentro e fora do campo científico é uma luta por classificação. Daí a importância que assume a construção de espaços que divulguem a produção de conhecimento sociológico, junto às associações das categorias, como a Sociedade Brasileira de Sociologia (SBS), o Encontro Nacional de Ensino de Sociologia (Eneseb), a Associação Nacional de Pós-Graduação e Pesquisa em Ciências Sociais (Anpocs). Ainda aí se destaca a importância de publicações junto às revistas de produção e circulação do saber produzido pela sociologia, além da inserção de cientistas sociais em debates públicos, nos meios de comunicação e junto aos movimentos sociais, organizações de classes, a exemplo dos sindicatos, e tantos outros espaços.

Por conseguinte, o projeto sociológico de Bourdieu busca superar as dicotomias históricas, bem como ser um esporte de combate capaz de denunciar o mundo social como uma construção social em que aqueles que dominam, e estão posicionados no polo dominante, tendem a querer impor princípios de classificações que concebem o mundo de forma coerente sem contradições, e tendem a encarar o mundo social naturalizando-o.

A sociologia proposta por Bourdieu, diferentemente e seguindo lições da tradição, encara a realidade de forma relacional, desnaturalizando processos históricos de dominação e desvendando os mecanismos sobre os quais se assentam as desigualdades. Com tal entendimento do real, Bourdieu encara não só os antagonismos epistemológicos presentes no campo científico como também os antagonismos metodológicos, superando a dicotomia entre metodologias quantitativas e qualitativas, tudo isso dentro de uma concepção de realidade pensada a partir da relação. O real é compreendido de maneira relacional. Ao compreender o real de forma relacional, desvenda (auxiliando-se de uma variedade de técnicas de pesquisa) o mundo empírico e demonstra sutis mecanismos que estruturam a dominação simbólica, os quais se estabelecem nas relações sociais produzidas pelos agentes em sociedades construídas pela produção e distribuição desigual de capitais. Foca sua análise, assim, nos processos que alimentam e permitem a perpetuação e a reprodução da dominação.

Esse entendimento de que o real é relacional possibilita ao sociólogo construir uma sociologia crítica com vistas a se configurar em uma sociologia pública. Ou seja, o que leva diversos indivíduos a permanecerem e viverem regidos diante de processos heterônomos? Que forças são essas que não permitem – por parte dos dominados – enxergarem a dominação? Esses e outros são pontos essenciais na sua proposta de ciência como esporte de combate. Essas questões que Pierre Bourdieu tenta responder no decorrer da sua produção científica estão relacionadas a uma perspectiva crítica de sociologia e a uma perspectiva pública, isto é, um saber científico comprometido e engajado com as transformações sociais que ultrapassem os espaços acadêmicos, embora seja construído em consonância com a autonomia relativa de tais espaços. Em outros termos, ao tempo em que sua sociologia examina os fundamentos explícitos e implícitos, normativos e descritivos da sociologia profissional, construída pela tradição, à luz da crítica, também se pergunta: Para quem se destina o conhecimento sociológico? Para quem deve ser construído o saber sociológico? Qual a sua finalidade? Essas questões e outras permitem compreender a sociologia como esporte de combate.

A sociologia como ciência do mundo social e, portanto, como esporte de combate, assume as características de um projeto científico engajado com audiências extra-acadêmicas (diálogo com movimentos sociais, sindicatos, entidades de classes, dentre outros). Um conhecimento reflexivo que questiona as premissas valorativas do mundo social e da profissão do sociólogo e, ao mesmo tempo, produz um debate público. Trata-se de uma sociologia que, utilizando-se do conhecimento produzido pela tradição, não se fecha nessa especificidade de conhecimento produzida pela academia, mas, ao contrário, coloca tal conhecimento ao crivo da crítica, para que, assim, no confronto com o universo empírico, venha a produzir conhecimentos para o debate público.

Ao afirmar, tal qual Marx nas famosas onze teses sobre Feuerbach, que "os filósofos se preocuparam em interpretar o mundo de várias formas", quando o que importa, na verdade, é transformá-lo,

Bourdieu também recupera a criticidade do pensar científico e o engajamento dos intelectuais. Para tanto, o pensador francês via a autonomia dos campos como um espaço no qual a sociologia (com rigor epistemológico e metodológico) poderia se tornar uma ciência capaz de construir argumentos que permitissem avançar na crítica às formas opacas de dominação do mundo social, ao tempo em que também se preocupava com a invasão "da ciência social pelas pressões do mercado e por especialistas subservientes" (BURAWOY, 2010, p. 51).

A preocupação de Bourdieu, por assim dizer, não é somente com a produção do conhecimento, mas também com a transformação da realidade. Esta não é possível ocorrer sem que sejam desvendados os processos de dominação. O pensador francês assume a postura de um cientista crítico e de um intelectual engajado. Alguém que dissertou sobre uma plêiade de temas, um intelectual que participou ativamente dos movimentos e lutou contra os avanços das injustiças e do neoliberalismo da sua época. É um intelectual público que se posicionava sobre questões que envolvem os processos de desigualdades e as violações de direitos das minorias.

O projeto científico proposto por Bourdieu não se desdobra em uma atitude conformista diante da realidade; tampouco, em uma atitude profética, perspectiva esta que criticava, pois defendia que ao cientista social cabe não somente explicar o funcionamento da sociedade, mas denunciar os mecanismos que constituem os processos sociais camuflados e as estratégias de dominação. Nesse aspecto, a sua epistemologia traz uma contribuição fundamental que possibilita explicar e denunciar os processos de dominação e de desigualdades sociais. Daí o sentido de um pensar científico engajado numa luta por classificação e em um agir político pautado na produção científica que se torna esporte de combate. A sociologia como ciência deve ser, segundo Bourdieu, vigilante quanto à sua independência intelectual, recusando-se a servir a grupos e/ou instituições.

Ao conceber a ciência do mundo social como esporte de combate, Bourdieu propõe que a ciência assuma sua perspectiva crítica diante dos fenômenos sociais, bem como se torne um saber que seja capaz de desvendar os processos sociais de dominação que estão constantemente sendo ocultados pela violência simbólica. Com esse espírito, Pierre Bourdieu propôs a sociologia como um esporte de combate, algo que se traduziu, em meados da década de 1990, "publicamente [na defesa] dos despossuídos e no combate à emergente tecnocracia neoliberal, bem como [no ataque] aos jornalistas, repórteres e à mídia de massa em seu livro *Sur la télévision* [Sobre a televisão]" (BURAWOY, 2010,

p. 56). Associado a essa postura crítica, vê-se que Bourdieu propõe um pensamento científico engajado, diferenciando-se profundamente daqueles que imaginam romanticamente existir pensamento neutro. O cientista, para Bourdieu, deve se afastar do profetismo, ao tempo em que deve manter a constante vigilância epistemológica ao produzir o conhecimento e ao participar de ações de engajamento. O cientista deve participar ativamente de debates e assuntos de relevância política e social, a fim de que possa, com o conhecimento teórico e empírico acumulado, intervir no debate público, qualificando-o e aprofundando criticamente a ação dos sujeitos com vistas à transformação da sociedade pautada em valores condizentes com a justiça social.

No tópico seguinte seguem algumas notas à guisa de conclusão destas dez lições.

Conclusão

Neste livro apresentei dez lições sobre Pierre Bourdieu. O caminho percorrido baseou-se fundamentalmente em três estratégias: 1) didático-pedagógica; 2) simplificação na linguagem, sem perder o rigor analítico; e 3) fidedignidade ao pensamento do autor interpelado. O esforço por mim realizado significou uma prática de aprendizagem. Não foi fácil construir as dez lições, embora o tenha encarado como um trabalho prazeroso. Outras dez poderiam ser construídas. A vasta produção acadêmico-científica de Pierre Bourdieu possibilitou esses recortes, mas outros poderiam ter sido feitos. O esforço didático de apresentar um autor tão complexo como Bourdieu ao público ao qual as lições se destinam – os leitores iniciantes – possibilitou-me pensar na segunda estratégia com exemplos – simplificando a linguagem – sem perder o rigor analítico dos conceitos, sendo, portanto, fidedigno ao pensamento do autor.

Não foi tarefa simples escrever dez lições sobre um pensador tão completo e tão complexo como Pierre Bourdieu. Precisei de método, disciplina, persistência e internalização, pelo corpo e pelo cérebro, da linguagem e dos conceitos por ele forjados no decorrer de uma trajetória que se iniciou ainda nos meus primeiros anos de graduação no curso de Ciências Sociais. É um autor complexo, hermético, que dialoga com a filosofia clássica (Platão e Aristóteles), moderna (Kant e Hegel) e contemporânea (Wittgenstein, Pierce, Heidegger, dentre outros), com as ciências sociais, a história, a economia e a linguística, e que, portanto, faz uso de uma pluralidade de técnicas e métodos de pesquisa. Um cientista que, com certa complacência, poderia ser elevado à magnitude de um Marx, de um Weber ou de um Durkheim; que foi capaz de, ao dialogar com os clássicos e as abordagens da filosofia e das demais áreas do conhecimento, construir sínteses nos campos da teoria, da metodologia e da epistemologia, conforme destacado nas lições.

Pierre Bourdieu é, portanto, um pensador que se tornou central para os regimes de leitura das ciências sociais contemporâneas. Aquele que, estabelecendo interface e dialogando com várias perspectivas de saberes que vão da literatura à ciência política, da história às artes, da economia à linguística, da análise do discurso à estatística, propôs uma nova teoria capaz de desvendar a opacidade do mundo social por meio de um arcabouço conceitual construído na constante relação entre teoria e trabalho empírico. Não se trata de um autor que ainda não foi recepcionado neste país. Talvez aqui resida também a dificuldade de construir dez lições de um pensador sobre o qual já se construiu uma enorme fortuna crítica. Trata-se de um dos pensadores mais lidos no Brasil e um dos mais citados em trabalhos de pesquisa de mestrado e doutorado, ao lado de Anthony Giddens e Norbert Elias. O desafio para a construção da escrita destas dez lições foi distanciar-me, minimamente, de uma reprodução de perspectivas difundidas sobre as interpretações feitas acerca desse autor em território brasileiro, embora isso não tenha sido o principal objetivo da proposta. Almejei apresentar, nestas lições, recortes que nem sempre estão abordados na leitura dos comentadores. Assim, procurei contribuir com lições que despertassem curiosidades sobre o pensamento de Bourdieu, a exemplo da relação corpo e cultura, jogo e estratégia. Espero ter alcançado o que me propus a fazer: um texto com linguagem acessível. Um texto que oportunize ao leitor curioso e iniciante, principalmente nas disciplinas de introdução à sociologia e nas disciplinas de teoria sociológica contemporânea, muito mais que uma leitura apressada, mas fundamentada em conceitos centrais e fidedigna às ideias do pensador.

Esta avaliação, deixo-a para o leitor!

Nota-se que a recepção de Bourdieu no Brasil se deu, em grande medida, pela leitura de suas produções no campo da educação, em meados da década de 1970, inclusive tendo excelentes especialistas e comentadores nessa área. E que, portanto, não cabe aqui mencioná-los por serem tantos. Este o motivo de não estar presente uma lição, por exemplo, sobre Bourdieu e a Educação. Acredito que a escolha desse tema já foi feita por excelentes especialistas e pesquisadores que contribuíram e ainda estão contribuindo para o debate.

Embora se constate, com forte ênfase, que nos anos de 1970/1980 a recepção de suas obras deu-se fundamentalmente pela sociologia da educação, observa-se que suas contribuições ultrapassam as fronteiras deste campo de saber. Isso tem se tornado evidente quando, nas décadas de 1990/2000, várias de suas produções foram sendo traduzidas para a língua portuguesa e publicadas por várias editoras. Produções que abordam uma multiplicidade de objetos do mundo social (arte, política, economia, educação, cultura, religião). Inúmeras pesquisas foram, e têm sido desenvolvidas, nos últimos anos, inspiradas em sua epistemologia e suas teorias. Ao afirmar isso, espero convencer o leitor sobre a importância deste inigualável pensador para a compreensão do mundo social contemporâneo.

Dessa maneira, ratifico que Pierre Bourdieu se torna autor indispensável diante da vasta produção. Sua contribuição ao campo científico contemporâneo tem permitido novas interpretações e releituras sobre diversos objetos de análise. A política, a cultura, a economia e a religião passaram a ser compreendidas à luz de novas categorias por ele construídas. Lê-lo é sempre um desafio. Espero que, com estas dez lições, o leitor encare o desafio de ler Pierre Bourdieu por ele mesmo. Se com estas lições conseguirei despertar em você, leitor, o desejo de aprofundar outras leituras, uma das finalidades dessa proposta terá sido alcançada.

Referências

BONNEWITZ, P. (2003). *Primeiras lições sobre a sociologia de Pierre Bourdieu.* Petrópolis: Vozes.

BOURDIEU, P. (2014). *Sobre o Estado.* São Paulo: Companhia das Letras.

_____ (2009). *O senso prático.* Petrópolis: Vozes.

_____ (2007). *A distinção*: crítica social do julgamento. Porto Alegre: Zouk.

_____ (2006). *Argélia 60*: estructuras económicas y estructuras temporales. Buenos Aires: Siglo XXI.

_____ (2005). *Esboço de autoanálise.* São Paulo: Companhia das Letras.

_____ (2004). *Coisas ditas.* São Paulo: Brasiliense.

_____ (2002). *Esboço de uma teoria da prática*: precedido de três estudos de etnologia cabila. Portugal: Celta.

_____ (2001a). *Meditações pascalianas.* Rio de Janeiro: Bertrand Brasil.

_____ (2001b). *O poder simbólico*. 4. ed. Rio de Janeiro: Bertrand Brasil.

_____ (1998a). Os três estados do capital cultural. In: NOGUEIRA, M.A. & CATANI, A. (orgs.). *Escritos de educação*. Petrópolis: Vozes.

_____ (1998b) O capital social: notas provisórias. In: NOGUEIRA, M.A. & CATANI, A. (orgs.). *Escritos de educação*. Petrópolis: Vozes.

_____ (1997). *A miséria do mundo*. Petrópolis: Vozes.

_____ (1996a). *As regras da arte*: gênese e estutura do campo literário. São Paulo: Companhia das Letras.

_____ (1996b). *Razões práticas*: sobre a teoria da ação. 8. ed. Campinas: Papirus.

_____ (1983). *Questões de sociologia*. Rio de Janeiro: Marco Zero.

BOURDIEU, P.; CHAMBOREDON, J.-C. & PASSERON, J.-C. (2005). *Ofício de sociólogo*: metodologia da pesquisa na sociologia. Petrópolis: Vozes.

BOURDIEU, P. & PASSERON, J.-C. (2014). *Os herdeiros*: os estudantes e a cultura. Florianópolis: EdUFSC.

_____ (1975). *A reprodução*: elementos para uma teoria do sistema de ensino. Rio de Janeiro: Francisco Alves.

BOURDIEU, P. & SAYAD, A. (2006). A dominação colonial e o saber cultural. In: COSTA, P.R.; CODATO, A.N. & PERISSINOTO, R.M. (orgs.). *Revista de Sociologia Política*, 26, p. 41-61.

_____ (1964). *Le déracinement*: La crise de l'agriculture traditionnelle en Algérie. Paris: Minuit.

BURAWOY, M. (2010). *O marxismo encontra Bourdieu*. Campinas: EdUnicamp.

CARLES, P. (2001). *La sociologie est un sport de combat*. Documentário sobre Pierre Bourdieu. 2h26min. França.

CATANI, A.M. (2017). Actes de La Recherche en Sciences Sociales. In: CATANI, A.M. et al. *Vocabulário de Bourdieu*. Belo Horizonte: Autêntica, p. 25-26.

CHAMPAGNE, P. (2017). A miséria do mundo. In: CATANI, A.M. et al. *Vocabulário de Bourdieu*. Belo Horizonte: Autêntica, p. 271.

DURKHEIM, É. (1999). *As regras do método sociológico*. São Paulo: Martins Fontes.

JOURDAIN, A. & NAULIN, S. (2017). *A teoria de Pierre Bourdieu e seus usos sociológicos*. Petrópolis: Vozes.

MARX, K. (1971). *O capital* – Crítica da economia política. Rio de Janeiro: Civilização Brasileira [Livro 1: O processo de produção capitalista].

NOGUEIRA, M.A. (2017). Capital cultural. In: CATANI, A.M. et al. *Vocabulário de Bourdieu*. Belo Horizonte: Autêntica, p. 103-106.

NOGUEIRA, M.A. & NOGUEIRA, C.M. (2009). *Bourdieu & a educação*. Belo Horizonte: Autêntica.

ORTIZ, R. & FERNANDES, F. (1983). *Pierre Bourdieu*: sociologia. São Paulo: Ática.

PIKETTY, T. (2014). *O capital no século XXI*. Rio de Janeiro: Intrínseca.

PINÇON, M. & PINÇON, M.C. (1998). *Grandes fortunes*: dynasties familiales et formes de richesse en France. Paris: Éditions Payot & Rivages.

RADEMACHER, C. (2017). Enquadramento discursivo: relações de gênero e violência simbólica no pós-fordismo. In: SOUZA, J. & BITTLINGMAYER, U. (orgs.). *Dossiê Pierre Bourdieu*. Belo Horizonte: EdUFMG, p. 137-163.

SAPIRO, G. (2017). Campo literário. In: CATANI, A.M. et al. *Vocabulário de Bourdieu*. Belo Horizonte: Autêntica.

SHULTHEISS, F. (2017). Laboratório sociológico para a origem e cunhagem da teoria da prática de

Bourdieu. In: SOUZA, J. & BITTLINGMAYER, U. (orgs.). *Dossiê Pierre Bourdieu*. Belo Horizonte: EdUFMG, p. 11-27.

SOUZA, J. (2017). *A elite do atraso*: da escravidão à Lava Jato. Rio de Janeiro: Leya.

SWARTZ, D. (2017). O Estado como banco central do crédito simbólico. In: SOUZA, J. & BITTLINGMAYER, U. (orgs.). *Dossiê Pierre Bourdieu*. Belo Horizonte: EdUFMG, p. 81-104.

Para ver outras
obras da coleção

10 Lições

acesse

livrariavozes.com.br/colecoes/10-licoes

Conecte-se conosco:

f facebook.com/editoravozes

◎ @editoravozes

X @editora_vozes

▶ youtube.com/editoravozes

☎ +55 24 2233-9033

www.vozes.com.br

Conheça nossas lojas:

www.livrariavozes.com.br

Belo Horizonte – Brasília – Campinas – Cuiabá – Curitiba
Fortaleza – Juiz de Fora – Petrópolis – Recife – São Paulo

EDITORA VOZES LTDA.
Rua Frei Luís, 100 – Centro – Cep 25689-900 – Petrópolis, RJ
Tel.: (24) 2233-9000 – E-mail: vendas@vozes.com.br